갓톡(GOD talk) 청소년 성경공부 시리즈3 (교사용)

성령님, 단톡해요!

갓톡(GOD talk) 청소년 성경공부 시리즈3 (교사용)

성령님, 단톡해요

초판 1쇄 발행 | 2018. 7. 10
초판 1쇄 인쇄 | 2018. 7. 10
지은이 | 박태용
펴낸이 | 박미옥
펴낸곳 | 맑은하늘
편 집 | 이지선
교 정 | 성주희
일부 총판 | 비전북 (031) 907-3927
등 록 | 제 679-30-00201호(2016. 8.11)
주 소 | 부천시 원미구 중동 1289번지 팰리스카운티 아이파크상가 3층
전 화 | (032) 611-7578
팩 스 | (032) 343-3567
도서 출간 상담 | **E-mail**:chmbit@hanmail.net
Homepage | cjesus.co.kr

ISBN : 979-11-88790-12-8 (04230)
ISBN : 979-11-88790-00-5 (세트)

정가 : 4,500원

갓톡(GOD talk) 청소년 성경공부 시리즈 (교사용)

갓톡(GODtalk) 시리즈 ver 3

성령님, 단톡해요!

박태용 목사

다음세대 교육의 새 기쁨
맑은하늘

저자의 말

요즘 중고등 학생들을 보면, 카톡을 참 많이 합니다. 어떤 아이들은 거의 하루 종일 핸드폰을 손에서 놓지 않고 하는 경우도 봅니다. 한손으로 핸드폰을 쥐고 얼마나 빨리 글자를 입력하는지, 그 신기에 가까운 속도에 깜짝 놀랄 때가 많습니다.
물론 사람들과 서로 소통하는 것이니, 여러 가지 좋은 점들이 많이 있겠지요. 그런데 그런 모습들을 지켜보면서, '하나님과 저렇게 늘 가까이 소통하면 얼마나 좋을까?'라는 안타까운 마음이 들었습니다. 그래서 '하나님과의 카톡'이라는 의미의, '갓톡(God-Talk)' 시리즈를 구상해보게 되었습니다.

시리즈의 3권은 '성령님 단톡해요'라는 주제로 카톡에서 단체 카톡방을 만들어 단체 카톡하듯이, 성령님을 공동체에 초대해서 성령으로 충만한 공동체를 만들어 간다는 개념입니다.

행 2:1-4절 말씀에 보면, "오순절 날이 이미 이르매 그들이 다같이 한 곳에 모였더니 홀연히 하늘로부터 급하고 강한 바람 같은 소리가 있어 그들이 앉은 온 집에 가득하며 마치 불의 혀처럼 갈라지는 것들이 그들에게 보여 각 사람 위에 하나씩 임하여 있더니 그들이 다 성령의 충만함을 받고 성령이 말하게 하심을 따라 다른 언어들로 말하기를 시작하니라"라고했습니다. 마가의 다락방에 모여 성령을 사모하며 간구하던 120문도에게 오순절에 성령께서 임하심으로 교회 공동체는 시작이 되었습니다. 사람끼리 아무리 모여도 교회 공동체가 되지 못합니다. 그곳에 성령께서 임해주실 때, 교회 공동체가 되는 것입니다.

공동체 안에 오신 성령님은 공동체를 하나 되게 하시고, 성장하게 하십니다. 또한 공동체의 모든 멤버들을 공동체에 잘 어울릴 수 있는 사람으로 만들어 가시고, 공동체에 유익을 끼칠 수 있는 사람으로 만들어 가십니다. 여러분 모두의 공동체가 성령님과 단톡하는, 성령 충만한 공동체가 되시기를 주님의 이름으로 축복합니다.

저자 박태용 목사

Contents

교재의 구성과 사용법

청소년 성경공부 시리즈 갓톡(GODtalk) 시리즈는 친한 친구와 정겹게 카톡하며 소통하듯 말씀으로 하나님과 소통하며 아름다운 교제와 나눔을 가질수 있도록 구성된 성경공부 교재입니다.

[제목]

매 과의 주제 제목이다.

[가다듬기]

각 과의 공과 목표이자 배워야 할 내용을 말한다.

[마음열기]

[마음열기]에는 매주 관련있는 감동적인 예화나 생각해 볼 내용이 수록되어 있다. 수록된 내용을 읽고 서로 자연스럽게 토론하고 대화를 나누는 시간이다.

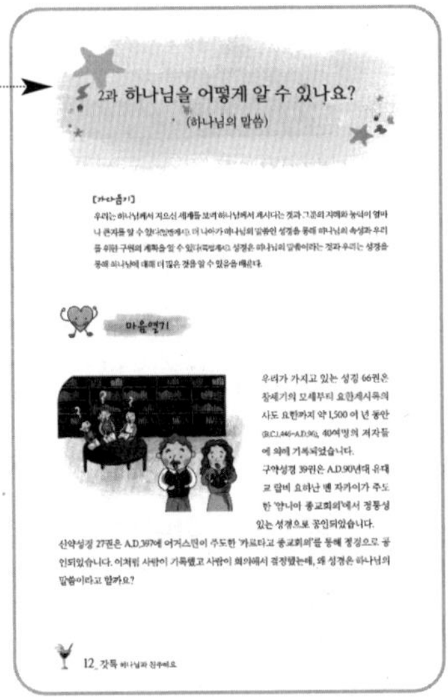

[하나님과 갓톡해요]

'카톡'이 아닌 '갓톡'(GODtalk)이다.

현대생활에 뗄 수 없는 소통도구인 '카톡'에서 아이디어를 얻어 '갓톡'이란 명칭을 사용하였다.

하나님과 소통하고 대화한다는 설정으로 하나님이 본문과 관련된 질문을 하시면 학생들이 자신의 생각을 답변하는 식이다.

노란 대화창에 자신의 생각이나 답변을 기록하면 된다.

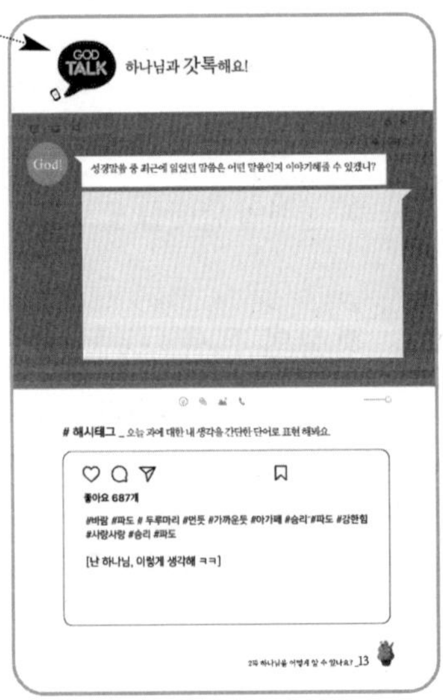

[헤시테그]

많이 사용하는 SNS에서 힌트를 얻었는데 매 과마다 공과공부를 하면서 틈틈히 본 과를 배우며 생각나는 단어들을 기록해 보도록 한다.

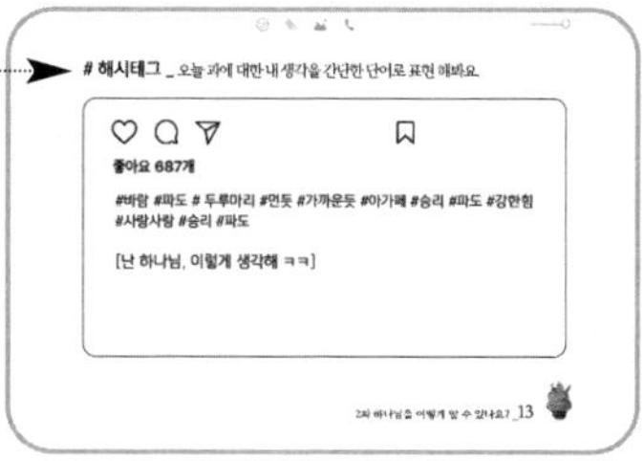

헤시테그 _ 오늘 과에 대한 내 생각을 간단한 단어로 표현해봐요.

좋아요 687개

#바람 #파도 # 두루마리 #먼듯 #가까운듯 #아가페 #승리 #파도 #강한힘 #사랑사랑 #승리 #파도

[난 하나님, 이렇게 생각해 ㅋㅋ]

[말씀살피기]

배워야 할 주제에 맞춘 성경 본문과 질문이 기록되어 있다.

선생님의 지도에 따라 기록된 본문 말씀을 충실히 묵상하고 깊이 생각해본다.

그렇게 본문말씀을 읽고 정해진 시간에 질문에 답을 찾아 기록한다.

중심이 되는 말씀과 그에 대한 중요한 질문에 답을 찾음으로 성경 말씀에서 주는 교훈이 무엇인지 확실히 깨닫도록 한다.

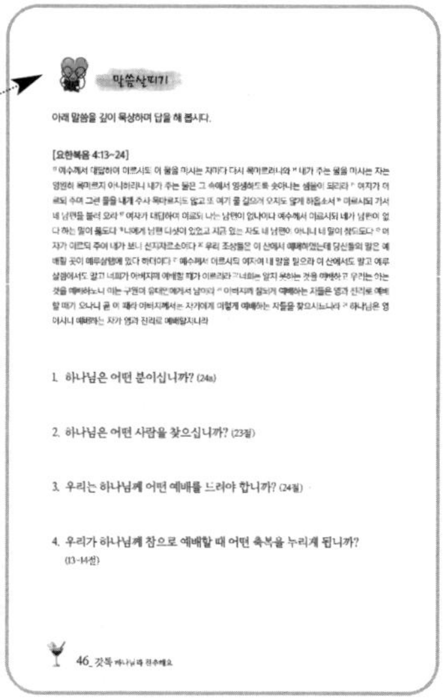

말씀살피기

아래 말씀을 깊이 묵상하며 답을 해 봅시다.

[요한복음 4:13~24]

1. 하나님은 어떤 분이십니까? (24절)

2. 하나님은 어떤 사람을 찾으십니까? (23절)

3. 우리는 하나님께 어떤 예배를 드려야 합니까? (24절)

4. 우리가 하나님께 참으로 예배할 때 어떤 축복을 누리게 됩니까? (13~14절)

46_ 갓톡 하나님과 친구해요

[나누고 실천하기]

[나누고 실천하기]는 배운 말씀을 나누고 소통하며 생활에 적용하고 실천하는 과정이다. 질문을 잘 읽어보고 적절한 답을 기록해보자.

선생님과 학생들간에 서로 답변하고 의견을 교환하면서 배운 말씀을 나누고 실천하도록 노력한다.

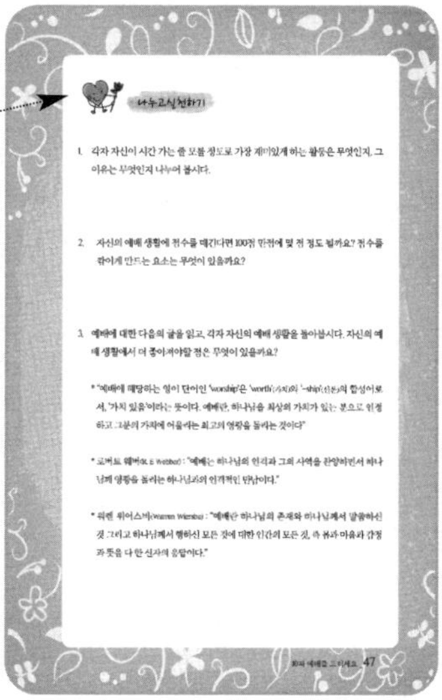

나누고실천하기

1. 각자 자신이 시간 가는 줄 모를 정도로 가장 재미있게 하는 활동은 무엇인지, 그 이유는 무엇인지 나누어 봅시다.

2. 자신의 예배 생활에 점수를 매긴다면 100점 만점에 몇 점 정도 될까요? 점수를 깎이게 만드는 요소는 무엇이 있을까요?

3. 예배에 대한 다음의 글을 읽고, 각자 자신의 예배 생활을 돌아봅시다. 자신의 예배 생활에서 더 좋아져야할 점은 무엇이 있을까요?

47

1과 거듭나게 하시는 성령님

[가다듬기]

성령님이 우리에게 오셔서 가장 먼저 하시는 일은 우리를 교회로 불러주시고 거듭나게 하시는 것이다. 이번 과에서는 성령님은 어떤 분이신지, 거듭난다는 것은 무슨 뜻인지 알아본다.

마음열기

성령(聖靈, Holy Spirit)은 하나님의 거룩한 영으로, 성부(聖父), 성자(聖子)와 동등한 신성(神性, divine nature)을 가진 하나님이십니다. 하나님의 존재와 관련하여 삼위일체(三位一體, trinity)라는 말을 쓰는데, 이는 '각자가 온전한 하나님이신 구별된 세 인격으로 존재하시는 한 하나님'이라는 뜻입니다. 즉, 아버지 하나님(성부)과 아들 하나님(성자, 예수님)과 거룩한 영 하나님(성령)이 각자가 다 온전하신 하나님이며 온전히 구별된 인격이시지만, 한 하나님이시라는 것입니다. 인간의 이성으로는 '셋이면 셋이고 하나면 하나지, 어떻게 셋이면서 하나고 하나이면서 셋인가?'라고 이해가 되지 않습니다.

그렇지만 삼위일체는 '셋이면서 하나고 하나이면서 셋'인 하나님의 신비한 존재 양식으로, 인간의 이성으로 설명되기 보다는 믿음으로 받아들여져야 할 부분입니다. 삼위일체 하나님은 우리를 구원하기 위해 일하시는데, 성부는 구원을 계획하셨고, 성자는 구원을 성취하셨으며, 성령은 구원을 적용해주십니다. 성령께서 우리에게 구원을 적용해주시기 위해 가장 먼저 하시는 일은 우리를 교회로 불러주시고, 거듭나게 해주시는 일입니다.

GOD TALK 하나님과 갓톡해요!

God!

00아! 너는 언제, 어떻게 교회에 처음 나오게 되었니?

설명 | 하나님께서 우리를 구원하시기기 위해 제일 먼저 하시는 일은 우리를 구원의 복음이 전파되는 교회로 불러주시는 일입니다.
우리가 구원을 받는 것은 믿음으로 받는데, 그 믿음은 복음의 말씀을 들을 때 생기기 때문입니다(롬 10:17). 부모님을 따라, 혹은 친구를 따라, 아니면 자기 스스로 교회에 온 것 같아도, 실은 성령님께서 우리의 마음을 움직여 교회에 나올 수 있게 해주신 것입니다.

 # 해시테그 _ 오늘 과에 대한 내 생각을 간단한 단어로 표현해봐요.

매주마다 생각나는 단어들을 자연스럽게 적어보세요.

좋아요 개

#존재 #갤럭시 # 명품 #조화 #가까운 듯 #아가페 #승리 #파도 #강한힘
#사랑사랑 #승리 #하나님의 진노

말씀살피기

아래 말씀을 깊이 묵상하며 답을 해봅시다.

[요 3:1-8]
1 그런데 바리새인 중에 니고데모라 하는 사람이 있으니 유대인의 지도자라 2 그가 밤에 예수께 와서 이르
되 랍비여 우리가 당신은 하나님께로부터 오신 선생인 줄 아나이다 하나님이 함께 하시지 아니하시면 당
신이 행하시는 이 표적을 아무도 할 수 없음이니이다 3 예수께서 대답하여 이르시되 진실로 진실로 네게 이
르노니 사람이 거듭나지 아니하면 하나님의 나라를 볼 수 없느니라 4 니고데모가 이르되 사람이 늙으면 어
떻게 날 수 있사옵나이까 두 번째 모태에 들어갔다가 날 수 있사옵나이까 5 예수께서 대답하시되 진실로 진
실로 네게 이르노니 사람이 물과 성령으로 나지 아니하면 하나님의 나라에 들어갈 수 없느니라 6 육으로
난 것은 육이요 영으로 난 것은 영이니 7 내가 네게 거듭나야 하겠다 하는 말을 놀랍게 여기지 말라 8 바람
이 임의로 불매 네가 그 소리는 들어도 어디서 와서 어디로 가는지 알지 못하나니 성령으로 난 사람도 다
그러하니라

1. 어느 날 밤에 니고데모가 예수님을 찾아왔습니다. 니고데모는 어떤 사람이었습니까? (1-2절)

정답_니고데모는 바리새인이었습니다. 바리새인들은 예수님 당시 유대교의 3대 종파 중에 하나로서, 바래새인이라는 말은 '분리된 사람'이라는 뜻입니다. 바리새인들이 이 같은 이름으로 불리게 된 것은 그들은 자신들이 율법을 잘 지키는 거룩한 사람으로서, 같은 유대인이라도 죄인인 사람들 또는 부정한 이방인들과는 구별된 존재로 여겼기 때문입니다. 더구나 니고데모는 유대인들의 최고 통치 기관인 산헤드린 공회의 회원으로서, 백성들의 지도자이기도 했습니다. 그는 예수님께서 행하신 많은 표적을 보고, 예수님을 하나님께서 보낸 위대한 선지자로 여겨서 구원의 진리를 배우기 위해 찾아왔습니다.

2. 니고데모에게 예수님께서는 어떤 말씀을 해주셨습니까? (3절)

정답_"사람이 거듭나지 아니하면 하나님의 나라를 볼 수 없다."라고 하셨습니다. 다른 사람보다 조금 더 율법을 잘 지켜서 남들보다 상대적으로 조금 더 의롭고, 백성들로부터 존경을 받는다고 해서 구원을 얻을 수 있는 것이 아니라는 것입니다. 구원을 얻기 위해서는 근본적으로 다시 태어나야 한다는 것입니다.

3. '거듭난다'라는 말을 니고데모는 어떻게 오해했습니까? (4절)
예수님께서 하신 말씀의 바른 의미는 무엇입니까? (5-7절)

정답_니고데모는 '거듭난다'라는 말을 육체가 어머니의 뱃속으로 다시 들어가서 다시 태어나는 것으로 이해했습니다. 그래서 어떻게 그게 가능하냐고 물었던 것입니다. 그러나 예수님께서 말씀하신 뜻은 육체가 다시 태어나는 것이 아니라, 영혼이 다시 태어나는 것을 의미합니다. 즉, 우리 영혼의 성향이 근본적으로 변화되는 것을 의미합니다. 이는 자신이 죄인임을 인정하고, 죄인의 구주로 오신 예수님을 영접하는 것입니다. "내 모든 죄를 예수님이 십자가에서 대신 담당하셨고, 나는 예수님의 완전한 의를 덧입어 하나님께로부터 의롭다 인정을 받게 된다."라는 복음을 받아들이는 것입니다. 죄를 씻어내는 세례의 물로 상징된 복음이 선포될 때, 성령께서 그 영혼을 거듭나게 하셔서 예수님을 영접하고 복음을 받아들일 수 있게 하십니다.

4. 거듭남의 특징은 무엇입니까? (8절)

정답_마치 바람이 어디서 불어와서 어디로 불어 가는지 알 수 없는 것처럼, 거듭나게 하시는 성령님의 역사는 너무나 신비합니다. 우리가 미처 깨닫지도 못하는 사이에 우리 영혼에 역사하셔서 우리 영혼을 살려내십니다. 마치 아기가 자신이 태어나는 순간을 인식하지 못하고 한참 큰 뒤에야 자신이 살아서 존재하고 있는 것을 인식하게 되는 것과 같습니다. 거듭난 사람도 거듭나는 그 순간은 인식하지 못하지만 시간이 지나면 거듭나 있는 자신을 발견하게 됩니다. 바람은 볼 수 없지만 바람의 흔적으로 그 소리가 남듯이, 거듭나는 것 자체는 알 수 없지만 그 결과로 우리 안에 복음을 영접하고 예수님을 믿는 믿음이 생겨나 있음을 알게 됩니다.

나누고실천하기

1. 우리 친구들은 하나님을 믿고 예수님을 영접하는 믿음이 있나요? 믿음이 있다면 그 믿음이 처음으로 생긴 것은 언제쯤인지 나눠봅시다.

교회에 나와서 바로 믿음이 생기는 수도 있고, 한참 지난 후에 믿음이 생겼을 수도 있습니다. 그 믿음은 '내가 믿어야지' 해서 믿을 수 있게 된 것이 아니라, 성령님께서 죄로 인해 죽었던 우리 영혼을 다시 태어나게 해주셨기 때문에 가능한 것입니다. 우리가 믿은 것이 아니라, 성령님의 은혜로 믿어지게 된 것입니다.

2. 자신의 믿음은 100점 만점으로 볼 때 몇 점이라고 할 수 있을지 나눠 봅시다. 믿음이 약해졌거나 강해졌던 경험이 있었다면, 언제인지 나눠봅시다.

현재 내 믿음의 점수	믿음이 약해졌을 때	믿음이 강해졌을 때

100점 만점의 믿음은 없을 것입니다. 아무리 믿음 좋다는 사람도 때로는 의심이 들고 시험이 들기도 하지요. 거듭난다는 것은 우리의 믿음이 100점 만점이 되었다는 것이 아니라, 우리 영혼의 '지배적인 성향'이 하나님을 믿는 쪽으로 변화되었다는 의미입니다. 믿지 않는 사람들도 가끔 어려움 당하면 하나님을 찾을 때가 있지만, 그들의 지배적인 성향은 하나님을 믿지 않는 것입니다. 그러나 거듭난 사람은 때로 의심도 들고 시험도 찾아오지만, 그래도 지배적인 성향은 하나님을 믿는 것입니다. 그들은 그 모든 의심과 시험을 이기고, 결국은 믿음의 자리에 서 있게 됩니다.

3. 구원의 첫걸음은 교회로 나오는 것입니다. 교회로 불러주시고 거듭나게 하시는 성령의 도구가 되어, 우리가 교회로 이끌어 주어야 할 친구는 누가 있을까요? 혹은 교회에는 나왔지만 아직 믿음이 없는 친구들이 있다면, 그 친구를 위해 기도합시다.

2과 거룩하게 하시는 성령님

[가다듬기]

성령님은 우리를 거듭나게 하실 뿐만 아니라, 우리를 거룩하게 하신다. 거듭난 뒤에도 우리 안에는 여전히 뿌리 깊은 죄성이 남아 있다. 성령님은 우리 안에 오셔서 우리가 그 죄성을 이기고, 갈수록 더욱 거룩한 사람으로 변화되어가도록 역사하신다. 오늘은 우리를 거룩하게 하시는 성령의 역사, 즉 성화(聖化, sanctification)에 대해 살펴본다.

마음열기

존 뉴튼은 선장이었던 아버지의 영향을 받아, 11세부터 선원이 되었습니다. 그는 어렸을 때는 경건한 어머니의 영향을 받아 신앙생활을 잘 했지만, 17세에 어머니가 돌아가신 후에는 거칠고 포악한 사람으로 변질되어갔습니다. 그는 아프리카에서 노예를 잡아오는 노예 상인으로 일하기도 했으며, 노예들에게 온갖 못된 짓을 서슴지 않고 행하는 잔인한 사람이 되었습니다.

그러던 그는 1748년 3월 1일에 배 안에서 우연히 토마스 아 켐피스의 <그리스도를 본받아>라는 책을 읽게 되었고, 오랫동안 잊고 있었던 어머니의 기도 소리와 찬송 소리를 다시 떠올리게 되었습니다. 그는 눈물을 흘리며 하나님께 회개했고, 그의 마음은 큰 변화를 경험했습니다. 그는 노예상인으로서의 지금까지의 삶을 정리하고 목회자의 길을 걷게 되었습니다. 그는 회개한지 29년째 되던 해인 1779년에 '놀라운 은혜'(Amaging grace, 찬송가 305장 나 같은 죄인 살리신)라는 찬송가를 작사했습니다.

'죄인 중의 괴수'와 같은 자신을 구원해주시고 변화시켜주신 하나님의 은혜를 찬양하는 그 찬송가는 지금도 전 세계의 많은 성도들에게 사랑을 받고 있습니다. 노예 상인을 목회자로 성화시키시고 하나님의 '어메이징 그레이스'를 간증하게 하신 성령님의 역사는 지금도 수많은 죄인들의 삶 속에서 계속되고 있습니다.

GOD TALK 하나님과 갓톡해요!

God!

00아! 거룩해져 가는 과정에 들어가려면, 죄를 깨닫고 뉘우치며 죄악 된 행실을 고치는 회개가 꼭 필요하단다. 네 삶 속에 더 깊은 회개가 필요한 부분은 무엇일까?

설명 | 회개에는 3가지 요소가 모두 들어가 있어야 합니다.
첫째는 지적인 요소로서, 죄를 깨닫는 것입니다.
둘째는 감정적인 요소로서, 죄를 슬퍼하고 뉘우치는 것입니다.
셋째는 의지적인 요소로서, 죄악된 행실을 고쳐서 그 죄로부터 떠나는 것입니다. 흔히 회개를 감정적인 부분만 생각하기 쉬운데, 의지적인 부분까지 나가지 못하면 후회는 될지언정 회개는 되지 못합니다.
하나님께서 우리에게 요구하시는 것은 단순한 후회가 아니라, 회개입니다. 죄를 슬퍼할 뿐 아니라, 실제로 죄로부터 떠나고 고쳐야 합니다.

 # 해시테그 _ 오늘 과에 대한 내 생각을 간단한 단어로 표현 해봐요.

좋아요　　개

말씀살피기

아래 말씀을 깊이 묵상하며 답을 해봅시다.

[롬 8:1-9]

1 그러므로 이제 그리스도 예수 안에 있는 자에게는 결코 정죄함이 없나니 2 이는 그리스도 예수 안에 있는
생명의 성령의 법이 죄와 사망의 법에서 너를 해방하였음이라 3 율법이 육신으로 말미암아 연약하여 할 수
없는 그것을 하나님은 하시나니 곧 죄로 말미암아 자기 아들을 죄 있는 육신의 모양으로 보내어 육신에 죄
를 정하사 4 육신을 따르지 않고 그 영을 따라 행하는 우리에게 율법의 요구가 이루어지게 하려 하심이니
라 5 육신을 따르는 자는 육신의 일을, 영을 따르는 자는 영의 일을 생각하나니 6 육신의 생각은 사망이요
영의 생각은 생명과 평안이니라 7 육신의 생각은 하나님과 원수가 되나니 이는 하나님의 법에 굴복하지 아
니할 뿐 아니라 할 수도 없음이라 8 육신에 있는 자들은 하나님을 기쁘시게 할 수 없느니라 9 만일 너희 속
에 하나님의 영이 거하시면 너희가 육신에 있지 아니하고 영에 있나니 누구든지 그리스도의 영이 없으면
그리스도의 사람이 아니라

1. 성령께서 우리 안에 오셔서 하시는 일은 무엇입니까? (1-2절)

정답_거듭나서 예수님의 복음을 믿으면 정죄를 받지 않습니다. 죄를 사함 받고 의롭다고 인정받게 됩니다. 이를 칭의(稱義, justification)라고 합니다.
예수님을 믿을 때 우리의 죄는 예수님께 가고, 예수님의 완전한 의는 우리에게 오게 됩니다. 그래서 우리 자신은 의롭지 못하지만 예수님의 완전한 의를 힘입어, 하나님께로부터 의롭다고 인정을 받고 하나님의 자녀로 받아들여지게 되는 것입니다.
법적으로 의롭다고 인정받는 칭의의 과정 뒤에는, 이제 실제적으로도 의로워져 가는 성화(聖化, sanctification)의 과정에 들어가게 됩니다.
즉, 죄악된 삶을 회개하고, 비록 완전하지는 못하지만 더 의롭고 거룩한 삶으로 변화되어 가기 위해 최선을 다해 노력하게 됩니다.

죄와 그 결과인 사망의 법에서 벗어나, 의와 그 결과인 생명으로 이끌어주시는 성령의 법에 지배를 받게 됩니다.

2. 육신을 따라 사는 사람과 성령을 따라 사는 사람은 어떻게 대조가 됩니까? (4-8절)

	육신을 따라 사는 사람	성령을 따라 사는 사람
4절	율법의 요구를 이루지 못함	율법의 요구를 이룸
5절	육신의 일을 생각함	영의 일을 생각함
6절	사망	생명과 평안
7절	하나님과 원수가 됨	하나님과 화목함
	하나님의 법에 굴복하지 않음	하나님의 법에 굴복함
	하나님의 법에 굴복할 수 없음	하나님의 법에 굴복할 수 있음
8절	하나님을 기쁘시게 할 수 없음	하나님을 기쁘시게 할 수 있음

정답_본문은 '육신을 따라 사는 사람'과 '성령을 따라 사는 사람'을 대조합니다. 여기서 말하는 '육신'은 우리의 육체를 말하는 것이 아니라, 우리 안에 있는 '죄악된 본성'을 의미합니다. 율법은 옳고 그름을 말해주지만, 우리 안에는 강력한 죄성이 있어서 우리는 율법의 정당한 요구를 이룰 수 없습니다.
따라서 우리는 옳고 그름을 몰라서가 아니라, 다 알면서도 죄를 지으며 살아갑니다. 우리 힘만으로는 하나님의 법을 지키려하지도 않고, 지키려 해도 지킬 수도 없습니다. 그 결과 하나님을 기쁘시게 할 수 없고, 오히려 하나님과 원수가 되어 사망을 향해 나아갈 뿐입니다.
그러나 성령님이 우리 안에 오시면 우리 안의 강력한 죄성보다 더 강력한 거룩한 능력이 우리를 지배하기 시작합니다. 성령을 따라 사는 사람은 성령의 도우심 아래 죄성을 이기고 하나님의 법을 지키며, 하나님과 화목되어 생명과 평안으로 가득한 삶을 살 수 있게 되는 것입니다.

3. 그리스도인의 삶에 있어서 거룩하게 하시는 성령의 역사는 얼마나 중요합니까? (9절)

정답_성령이 거하는 사람은 죄에서 떠나 의로워져가는 과정을 밟아갑니다. 비록 완전하지는 못하지만 점점 더 죄에서 떠나고 점점 너 의로워져가는 모습들이 나타납니다. 예수님을 믿는다고 하면서도 이러한 모습들이 나타나지 않는 사람이라면 그가 진정 그리스도인인지 의심스러울 수밖에 없습니다.
성령, 곧 그리스도의 영이 없는 사람은 그리스도의 사람이 아닙니다. 성령이 있는 사람이라면, 정도의 차이는 있겠지만 반드시 성화의 역사가 나타나게 되어 있습니다.

나누고실천하기

1. 예수님을 믿고 난 후 각자의 삶 속에서 일어난 가장 큰 변화는 무엇인지 나눠봅시다.

예수님을 믿고 난 후 각자의 삶 속에는 변화가 있을 것입니다. 물론 교회를 핍박하던 사울이 부활하신 예수님을 만난 후 변하여 사도 바울이 된 것과 같은 극적인 변화는 없을지도 모릅니다. 그러나 각자의 삶 속에서 예수님을 만난 후에 더 거룩해져 가는 크고 작은 변화가 있을 것입니다. 예배, 말씀, 기도, 찬양, 전도 등 교회 생활에서 달라진 부분도 있을 것이고, 아래와 같이 생활 속에서 달라진 부분도 있을 것입니다. 생각이 긍정적으로 바뀌었다든지, 말하는 습관이 달라졌다든지, 친구들과의 관계 속에서 전에 가깝던 세상 친구들과 멀어지고 교회 친구들과 가까워졌다든지, 가정에서 부모님을 대하는 태도가 달라졌다든지 등등. 각자 변화된 부분들을 자유롭게 나누어 보고, 서로 인정해주고 격려하는 시간을 보냅시다.

2.자신에게 아직 온전히 떠나지 못한 죄의 모습은 무엇이 있는지 나눠봅시다.

예수님을 믿고 난 후 여러 가지 긍정적으로 변화된 부분도 있겠지만, 아직까지 다 정리하지 못하고 삶 속에 남아 있는 죄 된 모습들도 있겠지요. 욕하는 습관, 거짓말, 게으름, 미움, 흡연, 음주, 음란한 동영상 등등. 자신의 허물을 있는 그대로 공개하기는 쉽지 않겠지만, 최대한 수용적인 분위기를 만들어 주고 이야기 할 수 있도록 해주면 좋겠습니다. 그리고 공개한 부분에 대해서는 정죄하거나 다른 사람에게 말을 옮기지 않기로 미리 약속해 두면, 서로를 신뢰하는 가운데 더욱 열린 마음으로 나눌 수 있겠지요.

3. 거듭남은 우리의 의지와는 관계없이 전적으로 성령께서 하시는 사역이지만, 성화는 우리의 적극적인 협력이 필요합니다. 시편의 회개시들을 읽고, 말씀을 붙들고 회개하며 변화되기 위해 기도합시다.

* 시편의 회개시들 : 6, 32, 38, 51, 102, 130, 143편

3과 견고하게 하시는 성령님

[가다듬기]

성령님은 우리를 거듭나게 하시고, 거룩하게 하시며, 천국 가는 그날까지 믿음 지키며 최후 승리할 수 있도록 도와주신다. 이를 견인(堅忍, perseverance)이라고 한다. 성령님은 우리의 믿음을 견고하게 해주셔서, 어떤 시련이나 유혹 속에서도 참고 견디며 믿음을 지킬 수 있도록 이끌어주신다. 오늘은 견인의 은혜에 대해 생각해보자.

마음열기

존 번연의 천로역정은 한 사람의 크리스천이 죄를 깨닫고 구원을 받은 뒤, 모든 시련을 이기고 하늘나라에 들어가기까지의 과정을 우화 형식으로 잘 그려놓았습니다. 그 중에 한 대목을 보면, 크리스천이 어느 집에 들어가 불이 활활 타오르고 있는 벽난로를 바라보는 장면이 나옵니다. 그 벽난로의 불은 성도의 신앙을 상징합니다. 그가 가만히 보고 있는데, 어떤 사람이 나와서 그 불을 꺼버리기 위해 계속해서 벽난로 안에 물을 끼얹는 것이었습니다. 그 사람은 마귀를 상징합니다. 그런데 물을 계속 끼얹는대도 희한하게도 불은 더욱 활활 타오르고 있었습니다.

어떻게 된 일인가 알 수 없었는데, 그 벽난로 뒤에 있는 방에 가보니 모든 의문이 풀렸습니다. 그곳에서 바로 그리스도께서 그 벽난로에 계속해서 기름을 부어주고 계셨습니다. 그 기름은 성령을 상징합니다. 마귀는 어떻게든 우리의 믿음의 불을 꺼버리기 위해 계속해서 찬물을 끼얹지만, 예수님께서는 그 불이 꺼지지 않도록 계속해서 성령의 기름을 부어주십니다. 우리는 주님께서 부어주시는 성령의 은혜로 믿음의 불길이 꺼지지 않고, 최후 승리를 거둘 수 있습니다.

GOD TALK 하나님과 갓톡해요!

God!

00아! 교회 그만 다니고 싶었던 적은 없었니? 그때 어떻게 이겨냈니?

설명 | 우리 믿음이 항상 활활 타오르는 것은 아닙니다. 때로는 믿음이 식어버리고 아예 믿음의 불이 꺼져버린 듯한 순간도 있을 것입니다.

그러나 그럴 때에도 하나님께서는 우리를 그냥 버려두지 않으십니다. 예수님을 통해 성령님을 우리 마음에 부어주셔서, 성령님의 은혜로 우리가 다시 회복될 수 있도록 도와주십니다. 믿음을 잃어버린 듯한 순간에 자신의 의지로, 혹은 다른 사람의 권면으로, 또는 어떤 환경적인 이유들로 인해 믿음을 다시 찾는 경험도 있을 것입니다.

믿음이 회복되는 그 수단들의 뒤에는 우리의 믿음을 견고하게 해주시는 성령님의 역사가 있습니다. 성령님의 견인의 은혜에 의해 우리는 믿음을 회복하게 되고 승리하게 됩니다.

 # 해시테그 _ 오늘 과에 대한 내 생각을 간단한 단어로 표현 해봐요.

좋아요 개

말씀살피기

아래 말씀을 깊이 묵상하며 답을 해봅시다.

[롬 8:26-28, 35-39]

26 이와 같이 성령도 우리의 연약함을 도우시나니 우리는 마땅히 기도할 바를 알지 못하나 오직 성령이 말할 수 없
는 탄식으로 우리를 위하여 친히 간구하시느니라 27 마음을 살피시는 이가 성령의 생각을 아시나니 이는 성령이 하
나님의 뜻대로 성도를 위하여 간구하심이니라 28 우리가 알거니와 하나님을 사랑하는 자 곧 그의 뜻대로 부르심을
입은 자들에게는 모든 것이 합력하여 선을 이루느니라... 35누가 우리를 그리스도의 사랑에서 끊으리요 환난이나
곤고나 박해나 기근이나 적신이나 위험이나 칼이랴 36 기록된 바 우리가 종일 주를 위하여 죽임을 당하게 되며 도
살 당할 양 같이 여김을 받았나이다 함과 같으니라 37 그러나 이 모든 일에 우리를 사랑하시는 이로 말미암아 우리
가 넉넉히 이기느니라 38 내가 확신하노니 사망이나 생명이나 천사들이나 권세자들이나 현재 일이나 장래 일이나
능력이나 39 높음이나 깊음이나 다른 어떤 피조물이라도 우리를 우리 주 그리스도 예수 안에 있는 하나님의 사랑에
서 끊을 수 없으리라

1. 우리의 연약함을 성령께서 어떻게 도와주십니까? (26-27절)

정답_거듭난 우리가 거룩한 삶을 살고자 하지만, 우리는 여전히 연약합니다. 우리는 죄의 영향에서 완전히 벗어나지 못했기 때문에, 우리 자신에게 진정으로 필요한 것이 무엇인지도 잘 모르고 잘못된 것만 구할 때도 많습니다. 그래서 하나님께서는 우리를 고아 같이 그냥 버려두지 않으시고, 우리 안에 성령님을 보내주셨습니다. 우리 안에 오신 성령님은 하나님의 영이시므로 하나님의 뜻을 정확하게 아십니다. 성령님은 우리를 위해 하나님의 뜻대로 말할 수 없는 탄식으로 간절히 기도해주십니다. 성령은 하나님의 영이시기 때문에 성령의 간구를 하나님께서는 정확하게 알아들으시고 틀림없이 응답해주십니다.

2. 성령께서 우리를 도와주신 결과는 어떻게 나타납니까? (28절)

정답_성령은 하나님의 영이시기 때문에 전지하십니다. 성령님은 그 무한하신 지

혜로 모든 것이 합력하여 선이 되도록 간구해주시고, 하나님께서는 그렇게 응답해주십니다. 긍정적인 것들 뿐 아니라 우리가 보기에 부정적인 것들까지도 다 합력해서 결국에는 하나님의 선하신 뜻대로 되어지게 됩니다.
합력하여 선이 이루어지는 것은 그냥 우연히 되는 것이 아니라, 우리 안에 오신 성령의 간절한 기도와 하나님의 응답을 통해 그렇게 이루어져 가는 것입니다.

3. 성도의 삶 속에는 어떤 어려움들이 있습니까? (35-36절)

정답_바울은 당시의 초대 교회 성도들과 자신이 선교 여행 중에 겪어야 했던 여러 어려움들을 나열합니다. 환란(외적인 어려움), 곤고(내적인 괴로움), 박해(신앙 때문에 겪어야 하는 고난들), 기근(굶주림), 적신(헐벗음), 위험(여러 번 여행 중에 강의 위험과 강도의 위험과 동족의 위험과 이방인의 위험과 시내의 위험과 광야의 위험과 바다의 위험과 거짓 형제 중의 위험 등과 같은 신변의 위협을 당하는 것), 칼(생명의 위협을 당하기도 하며, 결국에는 순교의 제물이 되기까지 하는 어려움) 등. 우리도 사도 바울같은 극한적인 어려움은 없겠지만, 그래도 각자 나름으로 힘들고 어려운 일들이 많이 있을 것입니다.

4. 어려움 속에서도 성령이 함께 하시는 성도는 어떻게 고백할 수 있습니까? (37-39절)

정답_우리에게 많은 어려움들이 있지만 성령께서 친히 우리를 위해 기도해주시고 도와주시기 때문에 결과적으로는 선이 이루어지고 우리는 최후승리를 거두게 될 것입니다. 우리를 기다리는 운명 전체(사망이나 생명), 선한 영이든 악한 영이든 모든 영적 존재들 전체(천사들이나 권세자들), 시간의 전체(현재 일이나 장래 일), 공간의 전체(높음이나 깊음), 그 외에 언급되지 않는 그 어떤 피조물이라도 그리스도 예수 안에 있는 하나님의 사랑에서 우리를 끊을 수 없습니다. 성령의 도우심 아래 우리는 넉넉히 이기게 될 것입니다. 겨우 겨우 이기는 것이 아니라, 압도적으로 승리하게 될 것입니다. 성령의 도우심을 전제하며, 우리는 구원의 확신을 말할 수 있습니다.

나누고실천하기

1. 각자의 생활 속에서 힘든 부분들은 무엇이 있는지 나누어 봅시다. 특별히 교회 나오는데 어려운 점은 없는지 나눠봅시다.

누구나 각자의 삶 속에 힘든 부분들이 많이 있겠지요. 특별히 우리 친구들의 삶 속엔 공부하는 문제, 진로 문제, 선생님과의 문제, 친구들과의 문제, 가정의 문제 등등. 많은 어려움들이 있을 것입니다. 자신의 삶 속에서 힘든 부분들을 이야기해보고, 성령님의 도우심을 구하는 시간을 가지면 좋겠습니다. 특별히 교회에서의 생활에서 어려운 점들은 없는지 확인해보고 함께 기도해주고 도움을 줄 수 있는 부분은 없는지 살펴보는 것도 좋습니다. 가정에서 교회 나가는 것에 대해 반대한다든지, 교회에서 교역자님, 선생님, 혹은 친구들과의 관계 속에서 어려움은 없는지 체크해보시기 바랍니다.

2. 내가 믿음이 흔들릴 때 나를 붙잡아준 소중한 사람들은 누구였나요? 그때 공동체로부터는 어떤 도움을 받는지 이야기 해봅시다.

누구도 혼자서는 신앙생활을 할 수 없습니다. 서로가 서로에게 도움을 주기도하고 받기도 하면서 세워져가는 것이지요. 성령님께서 우리의 믿음을 붙들어주시는데, 성령님의 도구 역할을 했던 분들이 많이 있을 것입니다. 교역자님, 선생님, 친구들, 부모님, 선후배 등등. 자신이 힘들었을 때 붙들어주었던 사람이나 공동체로부터의 도움 등을 서로 나누어 보시기 바랍니다. 그러나 한 가지 잊지 말아야 할 것은 그 모든 분들을 통해 우리의 믿음을 붙들어주신 분은 성령님이시라는 것입니다.

3. 우리가 견인하시는 성령님의 통로가 되어 사랑으로 붙들어주어야 할 지체들은 누가 있을까요? 우리가 그들을 어떻게 도울 수 있을지 나눠 봅시다.

요즘 교회에 잘 나오지 않는 친구, 열심히 했었는데 좀 식어버린 듯한 친구, 나오기는 하는데 공동체 안으로 온전히 들어오지 못하고 겉돌고 있는 친구 등. 우리가 챙겨야할 친구들이 있겠지요. 그런 친구들은 누구인지 서로 챙겨보고, 어떻게 도울 수 있을지 나누어봅시다.

4과 성령으로 세워지는 공동체

[가다듬기]

성령님은 개인을 거듭나게 하시고, 거룩하게 하시며, 견고하게 하실 뿐만 아니라, 그 개인들을 모아 공동체를 세워 가신다. 교회는 성령께서 세워주신 생명의 공동체다. 오늘은 공동체를 세우시는 성령에 관해 알아본다.

마음열기

한국이 낳은 세계적인 핵과학자 정근모 박사는 <나는 위대한 과학자보다 신실한 크리스찬이고 싶다>라는 간증집을 펴냈습니다. 이 책에서 그는 자신이 체험한 성령의 임재 사건을 다음과 같이 기록해 놓았습니다. "한 집회에 참석했다. 모두들 큰 목소리로 찬송하면서 불과 같은 성령을 간구했다. 그렇지만 나는 아직 세상적인 체면이 중요해서 조용하게 기도하고 있었다. 나는 예수님께서 말씀하신 바로 그 '비둘기 같은 성령'을 받고 싶었다. 성령 체험을 원하고 있으면서도 마음 밑바닥에는 '그래도 나는 지성인인데'하는 교만이 도사리고 있었던 것이다.

그런데 말씀을 듣는 순간 가슴이 뜨거워졌다. 그리고 왠지 자꾸 눈에서 눈물이 흘렀다. 그러면서 마음속에 큰 음성이 들려왔다. '내가 너를 얼마나 사랑하는 줄 아느냐?' 예배 도중에 나는 대성통곡하기 시작했다. 목사님과 교인들이 나를 쳐다보고 있었다. 그래도 그칠 수가 없었다. 정말 기쁘고도 감격스러웠다. 바로 성령이 내게 임하신 그 순간이었다. 그 시간 이후 성령께서 내 안에 계심을 느낄 수 있었고, 그분과 계속 대화를 나눌 수 있었다." 이처럼 사도행전에 나오는 오순절 성령강림의 역사는 지금도 반복되고 있습니다. 성령님은 사모하며 기다리는 백성들에게 임하셔서 강력한 성령의 체험을 주시고, 그들을 성령 공동체로 세워주십니다. 교회는 사람이 세우는 것이 아니라, 성령님께서 세워주십니다.

하나님과 갓톡해요!

God!

00아! 네가 교회에 등록하기로 결심할 때, 제일 큰 계기는 무엇이었니?
교회의 어떤 점이 가장 좋았니?

설명 | 교회에 나올 수 있게 해주시고, 공동체에 들어올 수 있게 감동을 주시는 분도 성령님입니다. 물론 목사님의 설교에 은혜를 받아서, 찬양이 좋아서, 좋은 친구들이 있어서, 재미있는 프로그램들이 있어서... 등등 교회에 등록하게 되는 이유는 여러 가지가 있겠지요.

하지만, 우리를 주님의 몸 된 교회 공동체로 불러주시고, 공동체의 지체가 될 수 있도록 세워주시는 분은 궁극적으로는 성령님이십니다.

또한 성령님은 사모하는 자녀들에게는 더 크고 놀라운 체험들을 주셔서, 공동체의 핵심 멤버들이 되게 하십니다. 성령님의 은혜를 더욱 사모하는 우리 모든 친구들이 되기를 바랍니다.

 # 해시테그 _ 오늘 과에 대한 내 생각을 간단한 단어로 표현 해봐요.

좋아요 개

말씀살피기

아래 말씀을 깊이 묵상하며 답을 해봅시다.

[행 1:4-5, 2:1-4]

1:4 사도와 함께 모이사 그들에게 분부하여 이르시되 예루살렘을 떠나지 말고 내게서 들은 바 아버지께서 약속하
신 것을 기다리라 5 요한은 물로 세례를 베풀었으나 너희는 몇 날이 못되어 성령으로 세례를 받으리라 하셨느니라
... 2:1 오순절 날이 이미 이르매 그들이 다같이 한 곳에 모였더니 2 홀연히 하늘로부터 급하고 강한 바람 같은 소리
가 있어 그들이 앉은 온 집에 가득하며 3 마치 불의 혀처럼 갈라지는 것들이 그들에게 보여 각 사람 위에 하나씩 임
하여 있더니 4 그들이 다 성령의 충만함을 받고 성령이 말하게 하심을 따라 다른 언어들로 말하기를 시작하니라

1. 예수님께서 승천하시기 전에 제자들에게 주신 명령과 약속은 무엇입니까? (1:4-5)

* 명령 : 예루살렘을 떠나지 말고 아버지께서 약속하신 성령을 기다리라
* 약속 : 너희는 몇 날이 못 되어 성령으로 세례를 받으리라

예루살렘은 다윗 왕 때 이스라엘의 수도가 되었고 그 아들 솔로몬 왕 때 그곳에 성전이 지어짐으로써, 이스라엘의 정치-종교적 중심지가 되었습니다. 바로 그곳에서 예수님은 십자가에 달려 죽으심으로 구원을 이루셨습니다. 이제 구원의 복음은 바로 예루살렘으로부터 시작되어 땅 끝까지 전파되어야 했습니다. 그러나 그전에 제자들은 먼저 성령의 충만함을 받아야 했습니다. 요한의 물세례는 회개를 상징했지만, 성령은 구원과 능력을 상징합니다. 성령 세례를 통해 제자들에게 예수님이 이루신 구원이 적용되고, 그 구원의 복음을 힘 있게 증거할 수 있는 능력이 임하게 될 것입니다.

2. 성령은 언제 제자들에게 임했습니까? (2:1)

정답_성령은 오순절에 임했습니다. 오순절은 초실절 후 50일째에 지키는 절기입

니다. 초실절은 보리의 첫 이삭 한 단을 안식일 이튿날 하나님께 드리는 절기로서(레 23:9-14), 부활의 첫 열매이신 예수님의 부활을 상징합니다. 초실절 후 50일째 되는 오순절에는 보리추수를 마치고 밀 추수를 시작하게 됩니다. 예수님 부활 후 50일 째인 오순절에 성령이 임하신 것은 초대교회를 통해 본격적으로 영혼추수가 시작될 것을 상징합니다.

3. 성령은 어떤 모습으로 제자들에게 임했습니까? (2:2-3)

정답_급하고 강한 바람 같은 소리(2절)와 함께 불의 혀처럼 갈라지는 것과 같은 모습으로 임했습니다(3절). 바람과 불은 하나님의 임재를 상징하는 현상입니다. 에스겔 선지자는 마른 뼈로 가득한 골짜기에 바람이 불어와 마른 뼈가 다시 살아나 큰 군대가 되는 환상을 보았습니다(겔 37:1-14). 바로 그 생명의 바람이 불어온 것입니다. 이는 제자들에게 구원이 임했음을 상징합니다. 또한 불은 하나님의 권능과 정결케 하심을 상징합니다. 제자들은 불같은 성령을 받아, 큰 권능으로 복음 전파 사역을 감당하게 될 것이며, 자신과 세상을 정결케 하는 사람들로 세워질 것입니다.

4. 성령의 충만을 받은 제자들은 어떤 반응을 보였습니까? (2:4)

정답_오순절에는 이스라엘에 사는 모든 유대인과 유대교로 개종한 이방인 및 열방에 흩어져 살아가는 유대인들이 모두 예루살렘으로 순례를 와서 성전에서 절기를 지켰습니다. 바로 그때 제자들은 일제히 각기 다른 언어로 복음을 전했고, 각 나라에서 온 순례자들은 모두 그들이 쓰는 언어로 복음을 들을 수 있게 되었습니다. 하나님을 대적하여 바벨탑을 쌓던 인류에게 언어를 혼잡하게 하여 서로 소통할 수 없게 했던 심판이 일시적으로 해소되었습니다. 제자들은 성령의 인도하심을 따라 배운 적도 없는 외국말로 기도하며 복음을 선포했습니다. 이는 장차 성령의 주도하에 전세계적인 선교가 이루어질 것을 상징하는 사건입니다.

나누고실천하기

1. 교회에서 예배드리거나 기도하거나 찬양할 때, 마음이 이상하게 뜨거워졌던 체험들이 있다면 나누어 봅시다.

성령님은 우리에게 은혜 체험을 주셔서, 우리가 공동체의 멤버로 확실하게 설 수 있도록 도와주십니다. 성령께서 주시는 은혜 체험은 어떤 특별한 신비 체험이기보다는 늘 하던 일들에 특별한 생명력과 능력을 부어주신 것으로 나타날 때가 많습니다. 늘 드리던 예배, 늘 듣던 말씀, 늘 부르던 찬양, 늘 하던 기도인데, 어느 순간 그러한 것들을 통해 큰 은혜를 공급해주시고 감동을 주시며 우리의 신앙과 삶이 변화되게 해주십니다. 각자 작지만 그런 체험들이 있다면, 함께 나누어 봅시다.

2. 교회 공동체 안에서 나는 온전한 멤버로 세워져가고 있나요? 혹시 그렇지 못하고 있다면 그이유는 무엇인지 나누어 봅시다.

교회에 오래 다녔지만 온전한 멤버가 되지 못하고 손님처럼 다니는 친구들도 있습니다. 은혜를 체험하지 못해서 일수도 있고, 낯을 많이 가리거나 내성적인 친구들도 있을 수 있고, 교회 안에서 받은 상처 등으로 인해 적극적으로 다가서지 못하고 소극적인 자세로 머물러 있는 친구도 있을 수 있겠지요. 어쨌든 핵심적인 멤버가 되지 못하는 이유들을 진솔하게 이야기해보고, 어떻게 하면 더 적극적인 멤버가 될 수 있을지 나누어 봅시다.

3. 우리 공동체가 어떻게 하면 더욱 성령이 충만한 공동체가 될 수 있을까요? 공동체에 들어오지 못하고 겉도는 사람들을 위해 우리가 해줄 수 있는 일은 무엇이 있을지 나눠봅시다.

오순절에도 제자들이 성령을 사모하며 기도하다가 성령의 충만을 받았습니다. 성령님은 인격이시기 때문에 자신을 환영하는 공동체에 충만히 임하십니다. 공동체 안에서 성령의 중요성을 더욱 강조하고, 성령님을 사모하며 기도하는 분위기를 만들어 가시기 바랍니다. 공동체 전체로, 혹은 각 반에서 소외된 친구들을 위해 할 수 있는 프로그램들을 함께 구상해보고 시행해 보면 좋을 것입니다. 친구들을 위한 중보 기도회, 릴레이 편지 쓰기, 찾아가서 교제 나누기 등.

5과 성령으로 하나되는 공동체

[가다듬기]

성령은 공동체를 세우시고, 세우신 공동체를 하나 되게 하신다. 우리는 공동체가 하나 되게 하기 위해 노력도 해야 하지만, 성령님의 도우심이 없이는 사분오열 될 수밖에 없음을 깨달아야 한다. 오늘은 공동체를 하나 되게 하시는 성령의 사역에 대해 살펴보자.

마음열기

미국의 레드우드 스테이트 파크(RedWood State Park)라는 주립공원은 높이가 100m, 직경이 7m 이상이나 되는 레드우드 나무들로 유명한 곳입니다. 나무가 얼마나 큰지 어른 20명이 손을 잡고 둘러서야 될 정도이며, 나무 밑둥에 구멍을 뚫어 자동차가 지나갈 수 있게 할 정도입니다. 그런데 그렇게 큰 나무들이면 뿌리도 깊을 것이라고 생각하고 파보았더니, 실제로 뿌리는 그렇게 깊지 않다고 합니다.

대신에 옆에 있는 나무들과 뿌리가 서로 하나로 엮여서 서로를 지탱해주고 있었습니다. 뿌리가 옆의 나무들과 서로 엮이지 않고 혼자 서 있던 나무들은 바람에 그 덩치를 지탱하지 못하고 쓰러져 죽고 말았습니다. 그래서 레드우드 나무의 별명은 '혼자 살 수 없는 나무', '더불어 사는 나무'라고 합니다. 우리도 결코 혼자 설 수 없고, 서로 하나 되어 더불어 서야 합니다.

하나님과 갓톡해요!

God!

00아! 중고등부 공동체 안에서 때로 교역자님들이나 선생님, 혹은 친구들과의 관계 속에 어려운 점은 없니?

설명 | 모든 공동체에는 항상 갈등이 있습니다. 나에게 완벽하게 맞는 공동체는 존재하지 않습니다. 공동체 속에서 우리는 서로 부딪히기도하고 상처를 주고받기도 합니다. 공동체에 잘 적응하지 못하여 많은 어려움을 겪기도 합니다.

그럼에도 불구하고 성경이 공동체를 강조하는 이유는 그러한 부작용보다는 공동체를 통해 얻을 수 있는 유익이 훨씬 더 크기 때문입니다.

더불어 서는 나무처럼 서로 가지는 부딪힐 수 있어도, 뿌리가 하나 되어 함께 설 수 있을 때 나무는 어떤 바람에도 쓰러지지 않고 서 있을 수 있습니다. 공동체의 소중함에 대해서 다시 한 번 강조해 주면서, 공동체 속에서의 어려움들을 잘 극복할 수 있도록 격려해주시기 바랍니다.

 # 해시테그 _ 오늘 과에 대한 내 생각을 간단한 단어로 표현 해봐요.

좋아요 개

말씀살피기

아래 말씀을 깊이 묵상하며 답을 해봅시다.

[엡 4:1-6]
1 그러므로 주 안에서 갇힌 내가 너희를 권하노니 너희가 부르심을 받은 일에 합당하게 행하여 2 모든 겸손
과 온유로 하고 오래 참음으로 사랑 가운데서 서로 용납하고 3 평안의 매는 줄로 성령이 하나 되게 하신 것
을 힘써 지키라 4 몸이 하나요 성령도 한 분이시니 이와 같이 너희가 부르심의 한 소망 안에서 부르심을 받
았느니라 5 주도 한 분이시요 믿음도 하나요 세례도 하나요 6 하나님도 한 분이시니 곧 만유의 아버지시라
만유 위에 계시고 만유를 통일하시고 만유 가운데 계시도다

1. 교회가 하나 되어야 하는 이유는 무엇입니까? (4-6절)

정답_그리스도의 몸 곧 교회가 하나 되어야 하는 이유는, 성부, 성자, 성령이 한 분이시고, 믿음, 소망, 세례가 하나며, 그리스도의 몸은 하나이기 때문입니다 (4-6절). 이 같은 것들이 둘 일 수 없듯이, 하나 됨은 교회의 본질입니다.

2. 교회를 하나 되게 해주시는 분은 누구입니까? (3절)

정답_성령께서 평안의 줄로 하나로 매어서 교회가 하나 되게 하십니다. 성령님은 억지로나 강압적인 방법이 아니라, 평안한 중에 교회가 하나 되게 만들어 주십니다. 성도 한 사람 한 사람은 성령이 묶어주시는 평안의 줄에 묶여, 서로가 서로를 세워주며 지탱해주는 아름다운 공동체를 이루어갈 수 있는 것입니다.
마귀(디아블로스)는 근본적으로 '둘 사이를 나누는 자'라는 뜻입니다.

반드시 하나되어야 할 생명처럼 소중한 관계들을 둘로 갈라놓습니다. 마귀는 우리와 하나님 사이를 갈라놓습니다. 뿐만 아니라, 가장 사랑해야 할 사람들을 원수로 만들어 놓습니다. 가정에서 남편과 아내를, 부모와 자녀를 갈라놓습니다. 교회에서 교역자와 성도를, 성도와 성도를 나누어 놓습니다. 그러나 성령님은 하나 되게 하시는 영입니다. 성령님은 원수라도 하나 되어 서로 사랑하게 하십니다. 성령이 충만한 공동체는 서로 서로 평안의 줄로 묶여서 아름다운 하나됨을 이룹니다. 성격도 다르고, 개성도 다르고, 가정환경도 다르고 성장 배경도 다 달라서, 어느 모로 보나 하나될 수 없는 사람들의 모임이지만, 성령님은 알 수 없는 신비한 힘으로 하나되게 만드십니다.

3. 성령께서 하나 되게 하신 것을 지키기 위해 우리가 해야 할 일은 무엇입니까? (2절)

정답_교회를 하나 되게 하시는 것은 성령의 역사이고, 이제 우리가 할 일은 성령이 하나 되게 하신 것을 힘써 지켜나가는 것입니다(3절). 그러기 위해서 우리는 더 겸손하고 온유해야하며, 서로를 향해 더 오래 참고 더 깊이 사랑하는 것이 필요합니다(2절). 겸손은 하나님과 사람 앞에 자신의 부족함을 깨닫고, 오직 하나님의 은혜만을 사모하며 자신보다 남을 더 낫게 여기는 자세를 말합니다. 온유는 하나님께 즐거이 순종하며, 사람들과의 관계에서 고통이나 억울함이 있어도 부드러운 인격으로 대처하는 태도를 말합니다.

오래 참음은 죄인들을 바로 벌하지 않으시고 회개할 때까지 기다려주시는 하나님의 거룩한 인내를 본받아, 고통을 견디며 다른 사람의 잘못을 참고 기다려주는 자세를 말합니다. 사랑은 상대방의 부족함을 있는 그대로 받아들이며, 그럼에도 불구하고 그를 위해 희생을 아끼지 않는 마음을 의미합니다.

나누고실천하기

1. 공동체 안에서 서로 하나 되게 만들어주는 긍정적인 역할을 하는 친구는 누가 있나요? 그 친구의 좋은 장점들을 칭찬해주고 함께 나눠 봅시다.

공동체 안에서 보면, 공동체의 분위기 메이커 역할을 하는 친구들이 있습니다. 연락해주기, 예배 안내하기, 찬양 인도하기, 간식 준비하기, 못 온 친구들 챙기기, 공과 시간에 적극적으로 나누기 등등. 공동체를 위해서 좋은 역할을 하는 친구들의 헌신을 인정해주고, 함께 칭찬하며 격려하는 시간을 보냅시다.

2. 서로의 관계들 속에 혹여 불편한 부분들이 있다면, 속에 담아놓고 힘들어하지만 말고 한번 탁 털어놓고 나누어보면 어떨까요?

어떤 불만이나 불평이 있을 때, 바로 바로 해소해버리면 쉽게 풀릴 수도 있습니다. 그런데 그러한 것들이 그때그때 풀리지 않고 오랫동안 쌓이다 보면 개인이나 공동체나 어려움이 찾아올 수 있습니다. 그러므로 개인적으로나 공동체적으로 그런 이야기들을 편하게 할 수 있는 분위기를 만들어주어서, 그런 부정적인 감정들이 누적되지 않도록 풀어주는 것이 필요합니다. 공개적으로 나누기 힘들다면, 익명으로라도 힘든 부분들을 적어서 내게 하고 적절하게 처리해주면 좋을 것입니다.

3. 공동체 안에서 왠지 서먹하거나 혹은 관계가 불편해진 친구가 있다면, 성령의 도우심을 구하며 좋은 관계를 맺어가기 위한 시도를 해보면 어떨까요? 그런 상황 속에서 구체적으로 어떤 방법이 좋을지 나누고 실천해 봅시다.

그동안 가깝지 못했던 친구들에게 한 주간 먼저 관심을 표시해보는 시간을 보내길 바랍니다. 문자나 카톡, 편지 등을 통해서 서로 마음을 나눌 수 있도록 해주면 좋겠지요. 갑작스럽게 그렇게 하는 것이 쑥쓰럽다면 공동체 안에서 무작위로 짝을 정해주어서, 어쨌든 그 동안 가깝지 못했던 친구들과 한 번이라도 교제를 나눌 수 있도록 유도해주면 좋을 것입니다.

6과 성령으로 자라가는 공동체

[가다듬기]

성령은 공동체를 세우시고, 세우신 공동체를 하나 되게 하시며, 공동체가 자라가게 하신다. 공동체는 오직 성령에 의해 세워지고 하나 되며 자라간다. 공동체에 있어서, 성령님의 중요성을 다시 한 번 깊이 깨닫자.

마음열기

'교회 성장과 성령에 관한 7대 원리'이라는 글이 있습니다. 각 공동체에 적용하면 좋을 것입니다.

1) 성령이 교회 성장의 주체임을 인정하라. 성령을 교회 성장의 주도자, 전략가, 동력자로 인정하고 모셔 들이라.

2) 성령에 대해 늘 열린 마음을 가지라. 성령을 환영하는 분위기의 공동체가 되라.

3) 성령에 대해 공부하라. 성령에 관한 책을 읽고, 성령이 함께 하는 교회를 방문하라.

4) 성령에 대해 가르치라. 성령의 인격에 대해, 능력과 은사와 열매에 대해 가르치라.

5) 성령 충만을 위해 기도하라. 오순절 마가의 다락방에 모여 전혀 기도에 힘쓰던 120문도처럼, 간절히 기도하는 곳에 성령이 역사하신다.

6) 성령 충만한 사람과 함께 하라. 성령의 충만은 서로 전달되므로 성령이 충만한 사람과 교제에 힘써야 한다.

7) 성령과 교통하는 삶을 살라. 성령의 충만은 한 번, 한 순간의 사건이 아니라, 삶 속에서 성령과 늘 교제하는 가운데 지속적으로 이루어져야 한다.

GOD TALK 하나님과 갓톡해요!

God!

00아! 너는 네가 속한 공동체가 성장해가길 갈망하며 기도하고 있니?
네가 생각할 때, 공동체가 어떤 모습으로 성장해가면 좋을까?

설명 | 공동체의 성장은 성령님의 역사와 우리들의 기도와 헌신이 서로 조화를 이룰 때 가능합니다. 공동체 안에 성장에 대한 열망이 있어야 하고, 이를 위해 함께 기도하며 헌신하는 모습들이 있어야 합니다.

그리고 무엇보다도 그러한 성장이 가능하게 하시는 성령의 역사에 대한 사모함이 있어야겠지요. 성장에 대한 기대를 접은 채 기존의 멤버들만 잘 관리하는데 초점을 맞추는 공동체도 많이 있습니다. 성장의 어려움에 대한 여러 가지 이유와 변명들도 상당부분 설득력이 있는 것도 사실이지요. 그렇지만, 그런 어려움 속에서도 우리의 기도와 성령이 만나는 곳에서는 놀라운 성장이 이루어지는 곳도 많이 있습니다. 우리 공동체가 그런 공동체가 될 수 있도록 함께 나누며 기도했으면 좋겠습니다.

 # 해시테그 _ 오늘 과에 대한 내 생각을 간단한 단어로 표현해봐요.

좋아요 개

말씀살피기

아래 말씀을 깊이 묵상하며 답을 해봅시다.

[행 2:42-47]

42 그들이 사도의 가르침을 받아 서로 교제하고 떡을 떼며 오로지 기도하기를 힘쓰니라 43 사람마다 두려
워하는데 사도들로 말미암아 기사와 표적이 많이 나타나니 44 믿는 사람이 다 함께 있어 모든 물건을 서로
통용하고 45 또 재산과 소유를 팔아 각 사람의 필요를 따라 나눠 주며 46 날마다 마음을 같이하여 성전에 모
이기를 힘쓰고 집에서 떡을 떼며 기쁨과 순전한 마음으로 음식을 먹고 47 하나님을 찬미하며 또 온 백성에
게 칭송을 받으니 주께서 구원 받는 사람을 날마다 더하게 하시니라

1. 성령 충만을 받은 초대 교회 성도들은 아래에서 위로 하나님께 무엇을 올려드렸습니까? (42c절, 47a절)

정답_기도하기를 힘쓰고(42c절), 하나님을 찬미했습니다(47a절). 성령님은 기도하게 하시고 찬양하게 하시는 영이십니다. 성령이 충만된 사람은 누가 시키지 않아도 하나님의 도우심을 구하며 간절히 기도하게 되고, 하나님의 은혜를 기억하며 뜨겁게 찬양하게 됩니다.

2. 초대 교회 성도들은 위에서 아래로 무엇을 받았습니까? (42a절, 43절)

정답_사도의 가르침을 받았으며(42a절), 기사와 표적이 많이 나타났습니다(43절). 사도들은 예수님께서 이루신 구원과 명하신 교훈들을 성도들에게 가르쳤고, 성도들은 그 가르침을 사람의 말로 받지 않고 하나님의 말씀으로 받았습니다. 또한 사도들의 가르침에 신적인 권위를 더할 수 있도록 많은 기사와 표적들이 나타나, 사람들이 두려워하며 그 말씀을 받았습니다.

3. 초대 교회 성도들은 안에서 서로 서로 어떻게 지냈습니까? (42b절, 44-46절)

정답_서로 교제하고 떡을 떼었습니다(42b절). 초대교회 성도들은 서로 신앙적인 교제를 나누었습니다. 서로가 영적으로 선한 영향력을 끼쳤습니다. 교회에서 성찬이나 애찬(식사 교제)을 나누며 서로 사랑으로 하나 되었습니다. 모든 물건을 서로 통용하고 소유를 팔아 각 사람의 필요에 따라 나누었습니다(44-45절).

초대교회 성도들의 사랑은 소유욕마저 뛰어넘는 것이었습니다. 사람은 누구나 소유의 본능이 있는데, 초대교회 성도들은 그 본능을 사랑으로 극복했습니다. 넉넉한 사람들은 자발적으로 자기 소유를 팔아 공동체의 유익을 위해 쓸 수 있도록 내놓았고, 어려운 사람들이 필요에 따라 나누어 쓸 수 있게 해주었습니다. 성전에 모이기에 힘쓰고 집에서 떡을 때며 기쁨과 순전한 마음으로 음식을 먹었습니다(46절). 성령 충만한 초대교회 성도들은 늘 성전에 모여 예배드리고 찬양하기를 힘썼습니다. 그들의 충만한 생활은 성전에서 뿐만 아니라, 각 가정으로 돌아가며 가정에서도 함께 모여 예배 드리고 성찬과 애찬을 나누며 사랑으로 교제했습니다.

4. 초대 교회 성도들은 밖으로 불신자들에게 어떤 모습으로 살았습니까? (47b절)

정답_온 백성에게 칭찬을 받았습니다. 초대교회 성도들이 위로는 하나님께 예배하고 아래로는 주의 교훈을 따라 살아가며 안으로는 서로 사랑하는 모습들을 보고, 많은 사람들이 그들을 칭찬했습니다.

5. 성령 충만한 초대교회의 모습은 어떤 결과를 가져왔습니까? (47c절)

정답_주께서 구원 받는 사람을 날마다 더하게 하셨습니다. 성령 충만한 초대교회 성도들의 모습을 보고 많은 사람들이 교회로 몰려왔습니다. 주께서 사람들을 끊임없이 교회에 더하여 주셨습니다. 성령님은 교회가 교회다워지게 하시고, 주의 은혜 가운데 끊임없이 자라갈 수 있게 하십니다.

나누고실천하기

1. 초대교회 공동체의 모습들 중에서 가장 인상 깊은 부분은 무엇인가요? 4가지 방향성을 생각하면서 나누어봅시다.

아래로	위로
안으로	밖으로

초대교회는 아래로, 위로, 안으로, 밖으로의 4가지 방향성에서 모든 교회들의 모범이 되는 교회입니다. 충만하게 임하신 성령께서 디자인하시고 만들어 가신, 가장 이상적인 모습의 교회였지요. 4가지 방향성을 염두에 두고 친구들 각자에게 가장 인상 깊게 다가왔던 부분은 무엇인지 자유롭게 나누어 보면 좋겠습니다.

2. 우리 공동체가 믿지 않는 친구들에게 매력적인 공동체로 어필할 수 있으려면, 어떤 부분이 더 보완되어야 할까요?

교회가 교회다울 때 믿지 않는 사람들에게 매력적인 공동체로 어필할 수 있겠지요. 물론 모든 면에서 완벽한 교회는 없습니다. 어느 한 면이 뛰어나면 다른 한 면이 부족한 것이 모든 교회들의 현실이지요. 초대교회의 이상적인 모습의 4가지 방향성을 생각하면서, 우리 공동체에 부족한 부분은 무엇인지 서로 나누어 봅시다.

3. 우리 공동체가 더욱 성장해가기 위해서 우리 각자가 해야 할 일은 무엇일까요?

공동체는 교역자님만의 헌신이나, 선생님들만의 수고만으로 성장해갈 수 없습니다. 친구들의 적극적인 참여가 함께 해야만, 성장하는 공동체가 될 수 있지요. 초대 교회의 모습 속에서 인상 깊었던 점들, 그리고 우리 공동체가 더 보완해야 할 부분들 등을 참고해서, 각자 자신의 주어진 상황 속에서 공동체를 위해 할 수 있는 부분은 무엇인지 나누고 실천해보도록 합시다.

7과 육체의 열매와 성령의 열매

[가다듬기]

성령님은 공동체를 세우시고, 하나 되게 하시며, 성장하게 하신다 뿐만 아니라, 그 공동체를 이루는 한 사람 한 사람을 예수님 닮은 사람으로 성숙하게 하신다.
성경은 성령의 도우심 따라 예수님 닮은 모습으로 성숙해져가는 인격적인 변화를 열매에 비유한다.
성령이 우리의 인격 안에서 맺어가는 열매는 무엇이 있는지 알아보자.

마음열기

영국의 소설가 스티븐슨이 1886년에 쓴 <지킬 박사와 하이드 씨>는 인간의 이중성 문제를 그 주제로 합니다. 런던에 사는 지킬 박사는 뛰어난 학식과 고상한 인품으로 인해 사람들의 존경을 한 몸에 받았습니다. 그러던 그가 한 가지 약을 발명했는데, 그 약을 먹으면 사람 안의 선과 악이 분리되게 하는 것이었습니다. 그는 그 약을 먹고 선에서 분리되어 악만을 지닌 추악한 인간 하이드씨로 변신하게 됩니다. 계속해서 약을 먹다보니 점점 악이 선을 이겨서 약을 안 먹어도 하이드씨로 변신할 수 있게 되었고, 나중에는 다시는 지킬 박사로 되돌아갈 수 없게 되고 말았습니다. 결국 하아드씨는 살인을 하게 되고 경찰에게 쫓기다가 이 모든 일들을 기록하여 유서로 남긴 채 자살하는 것으로 비극적인 결말을 맞이하게 됩니다.
인간은 모두 이중적입니다. 인간의 마음속에는 선과 악이 공존합니다. 인간이 타락할 때 우리 안에 악이 들어왔고, 하나님께서는 우리 안에 조금이나마 선을 보존해주셨습니다. 우리 안에 오신 성령은 우리 안에 남은 선을 격려하고, 마귀는 우리 안에 있는 악을 부추깁니다. 우리 안에서는 우리를 가운데에 놓고 거룩한 쪽으로 끌어가시려는 성령의 소욕과 죄성으로 끌어가려는 마귀의 줄다리기가 끊임없이 이어지게 되었습니다. 성령은 우리가 죄 가운데 살지 못하게 하고, 죄는 우리가 성령 안에서 살지 못하게 합니다. 더욱 성령께 붙들리기를 사모하며 성령을 따라 살아가는 우리 모두가 되어야겠습니다.

하나님과 갓톡해요!

God!

00아! 자기 자신이나, 혹은 다른 사람들에게서 이중적인 모습을 보면서, 실망하거나 놀란 경우는 없니?

설명 | 누구도 완벽한 사람은 없습니다. 다 선과 악의 이중적인 면을 가지고 있습니다. 그러므로 자신의 부정적인 면만 바라보며 너무 자책하거나, 다른 사람의 어두운 면만 보며 경멸하는 자세는 옳지 못합니다.

우리는 자신이나 다른 사람의 긍정적인 면들을 보려고 노력해야 하고, 밝은 면이 더 많아질 수 있도록 기도하며 서로 격려해야 합니다. 그리고 우리가 좋아지는 것은 우리의 노력만으로는 되지 않고, 성령님의 도우심이 필요함을 절실히 깨달아야 합니다. 사람은 다른 사람은 물론이고, 자신도 스스로 변화시키지 못합니다. 우리는 더욱 성령의 도우심을 간절히 사모해야 하겠습니다.

 # 해시테그 _ 오늘 과에 대한 내 생각을 간단한 단어로 표현해봐요.

좋아요 개

말씀살피기

아래 말씀을 깊이 묵상하며 답을 해봅시다.

[갈 16-23]
16 내가 이르노니 너희는 성령을 따라 행하라 그리하면 육체의 욕심을 이루지 아니하리라 17 육체의 소욕은
성령을 거스르고 성령은 육체를 거스르나니 이 둘이 서로 대적함으로 너희가 원하는 것을 하지 못하게 하
려 함이니라 18 너히가 만일 성령의 인도하시는 바가 되면 율법 아래에 있지 아니하리리 19 육체의 일은 분
명하니 곧 음행과 더러운 것과 호색과 20 우상 숭배와 주술과 원수 맺는 것과 분쟁과 시기와 분냄과 당 짓
는 것과 분열함과 이단과 21 투기와 술 취함과 방탕함과 또 그와 같은 것들이라 전에 너희에게 경계한 것 같
이 경계하노니 이런 일을 하는 자들은 하나님의 나라를 유업으로 받지 못할 것이요 22 오직 성령의 열매는
사랑과 희락과 화평과 오래 참음과 자비와 양선과 충성과 23 온유와 절제니 이같은 것을 금지할 법이 없느
니라

1. 우리 안에 존재하며 서로 대립하고 있는 두 가지 욕구는 무엇입니까? (16-18절)

정답_성령님은 우리를 거듭나게 하셔서 예수님을 믿어 죄 사함을 받게 하시고, 우리를 성전삼고 우리 안에 거하십니다.
따라서 이제 우리 안에는 두 가지 성향이 존재하게 되었습니다. 곧 성령과 육체입니다. 우리 안에 오신 성령은 우리를 거룩하게 살게 하려하고, 이미 우리 안에 있는 죄성(육체)은 우리를 여전히 죄 가운데 살도록 하려 합니다.

2. 우리가 육체를 따라 살 때 어떤 열매를 맺게 됩니까? (19-21절)

정답_모든 죄는 넓게 보면 다 하나님께 짓는 것이지만, 그 죄의 주된 대상에 따라 나눠보면 다음과 같습니다.

하나님께 짓는 죄	우상 숭배, 주술
자신에게 짓는 죄	음행, 더러운 것, 호색, 술 취함, 방탕
공동체에 짓는 죄	원수 맺음, 분쟁, 시기, 분냄, 당 지음, 분열, 이단, 투기

* **우상숭배와 주술** : 우상숭배는 하나님 아닌 것을 하나님처럼 예배하는 것이고, 주술은 하나님의 말씀대로 살기보다는 점을 쳐서 길함과 흉함을 알아보려고 하는 행위를 말합니다.

* 성적인 죄들(음행, 더러운 것, 호색)은 하나님의 성전인 자신의 몸을 더럽히는 죄입니다(고전 6:18). 방탕은 성적인 죄들 외에 술 취함을 비롯한 온갖 쾌락을 추구하는 것을 말합니다.

* 공동체에 짓는 죄들은 공동체가 하나 되지 못하도록 서로 원수 맺고, 시기하고, 투기하며, 분쟁하고 분 내어 결국은 공동체가 분열되게 만드는 것을 말합니다. 당 짓는 것은 공동체의 정당한 지도자들에게 대항하여 교회의 하나 됨을 깨뜨리고 자신의 유익을 위해 별도의 무리를 짓는 행위를 말합니다. 이단은 특별히 교리적으로까지 잘못된 경우를 말합니다.

3. 우리가 성령을 따라 살 때 어떤 열매를 맺게 됩니까? (22-23절)

사랑	하나님께 무조건적으로 받은 그 사랑으로 이웃을 사랑하는 것
희락	힘든 상황 속에서도 하나님의 은혜 가운데 기뻐하는 것
화평	하나님의 자녀가 누리는 마음의 평안을 이웃과 나누는 것
오래참음	견디기 힘든 환경에서도 하나님의 도우심 가운데 참고 인내하는 것
자비	하나님께서 우리를 불쌍히 여겨주셨듯이, 이웃을 불쌍히 여기는 것
양선	악을 악으로 갚아 악에게 지지 않고, 끝까지 선으로 악을 이기는 것
충성	시련과 유혹 속에서도 주께서 원하시는 삶과 사명을 지켜내는 것
온유	하나님의 보상과 심판을 믿고, 주께 순종하고 사람에게 관용하는 것
절제	죄에 빠지지 않도록 자신의 욕망을 잘 통제하며 살아가는 것

나누고실천하기

1. 자신에게 부족한 열매는 무엇인지, 자신이 맺고 싶은 열매는 무엇인지 나누어 봅시다.

성령의 9가지 열매를 모두 풍성하게 맺은 분은 예수님 한 분 밖에 없습니다. 우리는 9가지 중 몇 가지만 열매를 맺고 있으며, 그 몇 가지 열매도 각각 완전하게 맺고 있지는 못합니다. 따라서 완벽주의적인 눈으로 보면 9가지 열매 중에 하나도 제대로 열매를 맺지 못하고 있다고 해도 지나친 말은 아니겠지요. 그렇지만 상대적으로 볼 때 조금 더 맺고 있는 열매와 그렇지 못한 열매도 있을 것입니다. 이러한 내용들을 함께 나누어봅시다.

2. 교역자님이나 선생님들 또는 친구들을 보면서, 그들 속에서 맺히고 있는 열매는 무엇인지 서로 이야기해주며 더 풍성해지도록 축복하는 시간을 보냅시다.

나는 맺지 못하고 있는데, 공동체의 다른 지체는 맺고 있는 열매들이 있겠지요. 그런 부분들을 서로 인정해주고 격려해 줄 때, 그 열매는 더욱 자라갑니다. 비록 완전하지는 못할 지라도, 상대적으로 다른 사람들보다 더 열매를 맺고 있는 지체들을 찾아보고 칭찬해주는 시간을 보내 보세요. 지체들의 이름을 써 놓고, 그곳에 해당되는 성령의 열매 스티커들을 붙여보는 것도 좋겠지요. 반대로 성령의 열매를 써 놓고 그 열매를 잘 맺고 있는 사람은 누구인지 이름을 적어보는 것도 좋겠지요?

3. 한 주간 동안 성령의 9가지 열매들을 순서대로 외워보기로 해요. 그리고 그 의미는 무엇인지 자신의 말로 표현해 봅시다.

갈 5:22-23 말씀을 말씀 카드로 만들어서, 한 주간동안 암송할 수 있게 해주면 좋을 것입니다. 암송하되 기계적인 암송으로만 끝나지 않도록, 각자가 성령의 열매에 대해서 다른 지체들에게 설명해줄 수 있도록 하는 시간을 갖는 것도 좋겠지요. 한 사람이 9가지를 다하는 것이 부담스러울 수도 있으니, 적절하게 나누어서 하면 좋을 것입니다.

8과 성령의 열매와 공동체

[가다듬기]

성령의 열매는 단지 개인적인 인격 성숙의 차원을 넘어 공동체로 이어진다. 성령의 열매는 한 사람을 공동체에 더 잘 어울릴 수 있는 사람으로 만들어간다. 그래서 성령의 열매를 통해서 맺어지는 인격은 개인적인 인격이 아니라, 공동체적인 인격임을 깨달아야 한다.

마음열기

강원도 태백에 있는 성공회 수도원인 예수원을 설립하고 그곳에서 사역했던 대천덕 신부님은 R. A. 토레이 목사님의 손자로도 유명합니다. R. A. 토레이 목사님은 성령과 기도를 매우 강조하셨던 목회자요 신학자였습니다. 그의 글에는 다음과 같은 내용이 있습니다.

"나는 아침에 일어나면 성령 충만을 위해서 기도한다. '하나님! 성령 충만하게 도와주십시오.' 왜냐하면 성령 충만하지 않으면 오늘 하루 나는 너무나 쉽게 흔들릴 수 있는 사람이기 때문이다. '하나님, 제가 성령 충만하지 않을 때 제 인생의 중요한 결정을 하지 않도록 도와주십시오.' 성령 충만하지 않으면 저의 결정은 잘못될 가능성이 항상 있기 때문이다. '하나님, 제가 성령 충만하다고 느끼지 못할 때 함부로 말하지 않도록 도와주십시오.' 성령 충만하지 않을 때 말하면 실언이 되기 쉽고 사람들에게 상처를 주기 쉽기 때문이다."

우리는 각자 개인의 삶을 바르게 살아갈 수 있기 위해서 뿐만 아니라, 공동체와 잘 어우러지는 사람이 되기 위해서도 늘 성령으로 충만되어야 합니다. 성령이 충만되지 못하면 늘 주변 사람들에게 상처만 주는 가시나무가 되기 쉽습니다. 성령의 충만이 없이는 바로 살 수 없고, 더불어 살 수 없습니다.

하나님과 갓톡해요!

God!

00아! 너는 혹시 교회 안에서 상처를 받은 경험은 없니?
그때 너는 어떻게 대처했니?

설명 | 교회는 완전한 사람들만 모인 곳이 아닙니다. 우리는 단지 예수님의 은혜로 용서받은 죄인들일 뿐입니다. 우리는 모두 다 불안전한 사람들입니다.

그러다 보니 서로 상처를 주고 상처를 받기도 합니다. 그런 상처들이 받을 때는 큰 아픔이 되지만, 믿음으로 잘 참고 견디며 잘 넘기고 나면 믿음이 한층 더 성장하는 계기가 되기도 합니다.

우리는 공동체 안에서 다른 사람들에게 상처를 주는 것이 아니라, 은혜를 끼치는 사람이 되어야겠습니다. 그러기 위해서 우리는 더욱 다듬어져야 하고, 성령의 도우심이 필요합니다.

 # 해시테그 _ 오늘 과에 대한 내 생각을 간단한 단어로 표현해봐요.

좋아요 개

말씀살피기

아래 말씀을 깊이 묵상하며 답을 해봅시다.

[골 3:12-17]
12 그러므로 너희는 하나님이 택하사 거룩하고 사랑 받는 자처럼 긍휼과 자비와 겸손과 온유와 오래 참음
을 옷 입고 13 누가 누구에게 불만이 있거든 서로 용납하여 피차 용서하되 주께서 너희를 용서하신 것 같이
너희도 그리하고 14 이 모든 것 위에 사랑을 더하라 이는 온전하게 매는 띠니라 15 그리스도의 평강이 너희
마음을 주장하게 하라 너희는 평강을 위하여 한 몸으로 부르심을 받았나니 너희는 또한 감사하는 자가 되
라 16 그리스도의 말씀이 너희 속에 풍성히 거하여 모든 지혜로 피차 가르치며 권면하고 시와 찬송과 신령
한 노래를 부르며 감사하는 마음으로 하나님을 찬양하고 17 또 무엇을 하든지 말에나 일에나 다 주 예수의
이름으로 하고 그를 힘입어 하나님 아버지께 감사하라

1. 사도 바울은 교회의 성도들을 어떤 존재로 묘사합니까? (12a절)

정답_성도는 '하나님이 택하사 거룩하고 사랑 받는 자'입니다. 하나님께서는 우리를 천지만물을 창조하시기도 전에 선택하셨습니다. 우리가 거룩하고 사랑받을만해서 선택받게 된 것이 아니라, 선택받았기에 거룩하게 되고 사랑받게 되었습니다. 하나님의 특별한 은혜로 선택을 받은 우리들은 그 은혜가 헛되지 않도록 더욱 거룩하고 사랑받을 만한 삶을 살아야할 것입니다.

2. 사도 바울이 골로새 교회 성도들에게 아름다운 공동체를 이루기 위해 강조한 덕목들은 무엇입니까?

긍휼	가난하고 어려운 이웃을 불쌍히 여기며 동정하는 것
자비	하나님께서 우리를 불쌍히 여겨주셨듯이, 이웃을 불쌍히 여기며 돕는 것
겸손	하나님과 사람 앞에서 자신을 낮추고 상대방을 높이는 것
온유	하나님의 보상과 심판을 믿고, 하나님께 순종하고 사람에게 관용하는 것
오래참음	힘든 환경과 사람 속에서도 하나님의 도우심 가운데 참고 인내하는 것
용서	하나님께서 우리의 죄를 사해주셨듯이, 이웃의 죄를 사해주는 것
사랑	하나님께 받은 무조건적인 사랑으로 이웃을 사랑하는 것
평강	하나님의 은혜 안에서 걱정이나 다툼이 없이 평안한 상태를 누리는 것
감사	하나님과 이웃의 은혜에 대한 고마움을 말과 행동으로 표현하는 것
지혜	삶의 도리, 선악 등을 살 분별하여 하나님의 뜻대로 사는 것
찬양	하나님의 위대하심과 성품과 등을 높이기 위해 노래하며 춤추는 것

3. 위의 덕목들은 성령과 어떤 관련을 가지고 있나요?

정답_사랑, 오래 참음, 자비, 온유는 성령의 열매와 겹치는 덕목입니다. 그 외의 다른 덕목들도 성령과 밀접한 관계를 가지고 있습니다. 긍휼은 다른 사람을 불쌍히 여기는 마음으로, 그러한 마음의 실천을 강조하는 자비의 열매와 깊은 관계를 가지고 있습니다. 겸손, 용서, 평안은 다른 곳에서도 온유, 오래 참음, 사랑과 같은 성령의 열매들과 함께 언급되는 덕목들입니다(엡 4:2-3; 빌 2:1-4; 벧전 3:8). 또한 성령이 충만해지면, 우리는 더욱 지혜로워지고(행 6:3), 하나님께 찬양하고 감사하게 됩니다(엡 5:17-21).

4. 공동체에 꼭 필요한 덕목들과 성령이 서로 밀접한 관계를 갖고 있는 것은 무엇을 의미할까요?

정답_성령님은 우리가 개인적으로도 성숙한 신앙인이 되게 하지만, 더욱 중요한 것은 공동체적으로 성숙한 신앙인이 되게 하십니다. 성령님이 맺게 하시는 열매들과 그와 밀접하게 관련된 덕목들은 우리를 공동체에 잘 어울릴 수 있는 사람으로 만들어 가십니다. 성령님은 우리를 다른 지체들과 하나가 되어, 주님의 몸 된 교회를 든든히 세워가게 하십니다.

나누고실천하기

1. 오늘 말씀에 비추어볼 때, 우리 공동체에 풍성한 덕목 혹은 더 필요한 덕목은 무엇이 있을지 나눠봅시다.

궁휼, 자비, 겸손, 온유, 오래 참음, 용서, 사랑, 평강, 감사, 지혜, 찬양 등은 영적으로 은혜로운 공동체 생활을 위해 꼭 필요한 덕목들이지요. 공동체마다 나름대로 특색이 있어서 풍성한 부분도 있을 것이고, 부족한 부분도 있겠지요. 객관적인 관점에서 우리 공동체를 생각해 보고, 각자 느낌대로 자유롭게 나누어보기로 해요. 오늘 본문에 나오는 덕목들 외에도 공동체에 꼭 필요한 덕목들이 더 있다면 무엇이 있겠는지 생각해보고 나누어 보는 것도 좋겠습니다.

2. 내 자신이 공동체에 더 잘 어울려지는 사람이 되기 위해 필요한 덕목은 무엇이 있을지 나눠봅시다.

성령의 열매들은 개인적인 인격 수양을 위해서라기보다는, 공동체의 지체로서 공동체에 더 잘 어울려지는 공동체적인 인격으로 세워가기 위한 덕목들입니다. 신앙생활은 고립된 개인으로서 하는 것이 아니라, 어디까지나 공동체 안에서 이루어지는 것이기 때문이지요. 각자 풍성하고 부족한 덕목은 무엇인지 서로 나눠봅시다. 내게 부족한 덕목은 자신이 이야기하고, 내게 풍성한 덕목은 다른 사람들이 서로 이야기해주면 좋겠지요?

3. 내가 우리 공동체를 더욱 행복한 공동체로 만들어가기 위해, 성령의 도우심을 구하는 가운데 더 구체적으로 노력해야 할 부분은 무엇일지 나눠봅시다.

성령의 열매는 막연하게 관념 속에만 맺히는 것이 아니라, 구체적인 실천을 통해서 맺어져야 합니다. 개인적으로나 공동체적으로 몇 가지 덕목들을 정해서 어떻게 하면 그러한 덕목들을 구체적으로 실천에 옮길 수 있을지 나누고 행함으로 옮겨봅시다.

9과 성령의 열매를 맺으려면?

[가다듬기]

성령의 열매는 이름 그대로 성령이 맺게 해주시는 열매다. 우리의 의지와 노력도 필요하지만, 성령의 도우심이 없이는 맺을 수 없는 열매들이다. 그러므로 우리는 더욱 은혜를 사모해야 한다.

마음열기

독일의 신학자 몰트만은 '생명의 영'(The Spirit of Life)이라는 책에서 성령의 열매에 대해 다음과 같이 말했습니다. "성령의 열매는 사랑, 기쁨, 화평, 인내, 자비, 양선, 충성, 온유, 절제입니다. 이 열매들은 음행, 추행, 방탕, 우상 숭배, 술수, 원수 맺는 것, 분쟁, 시기, 분노, 이기심, 분열, 당파심 등 육체의 일들과 대립됩니다. 그런데 육의 일들과 성령의 열매 사이에 본질적인 차이점을 발견하게 됩니다. 육의 일들은 만들어지는 것(make)이라면, 성령의 열매는 자라는 것(grow)입니다. 그러므로 우리가 성령의 열매를 만들 수 없습니다. 단지 그것을 자라게 할 뿐입니다."

육체의 일들은 우리가 우리의 의지로 만들 수 있지만, 성령의 열매는 우리의 의지만으로 만들 수 있는 것이 아닙니다. 성령께서 우리의 인격과 삶 속에 그리스도의 인격과 삶이 영글어 가도록 자라가게 해주시는 열매인 것입니다. 우리가 더욱 성령을 따라 살아가며 예수님과 연합된 삶을 살아가고자 사모할 때, 하나님께서는 성령님을 통해 우리가 예수님 닮은 삶을 살 수 있도록 도와주십니다.

GOD TALK 하나님과 갓톡해요!

God!

00아! 나무가 물을 흡수하지 못하면 말라 가지. 그러다가 물을 흠뻑 흡수하면 다시 살아나지 않니? 이처럼 너도 은혜 없이는 살 수 없단다. 요즘 네 영혼의 상태는 어떠하니?

설명 | 나무가 물을 흡수하지 못하면 처음에는 나무 자체 안에 있는 수분으로 버티며 별 탈 없이 지낼 수 있습니다. 그러나 그러한 상태가 계속되어 자체 안에 저장되어 있던 수분이 다 떨어져 가면 점점 시들어갈 수밖에 없습니다.

우리의 신앙생활도 마찬가지입니다. 한 두주 은혜 못 받아도 별 지장이 없을 수는 있겠지만, 이러한 상태가 계속되면 영적으로 곧 마르고 시들어버리게 됩니다. 영적인 침체가 올 때, 더 은혜의 자리로 나와서 속히 회복할 수 있어야겠습니다.

 # 해시테그 _ 오늘 과에 대한 내 생각을 간단한 단어로 표현해봐요.

좋아요 개

말씀살피기

아래 말씀을 깊이 묵상하며 답을 해봅시다.

[요한복음 15:1-6]

1 나는 참포도나무요 내 아버지는 농부라 2 무릇 내게 붙어 있어 열매를 맺지 아니하는 가지는 아버지께서
그것을 제거해 버리시고 무릇 열매를 맺는 가지는 더 열매를 맺게 하려 하여 그것을 깨끗하게 하시느니라
3 너희는 내가 일러준 말로 이미 깨끗하여졌으니 4 내 안에 거하라 나도 너희 안에 거하리라 가지가 포도나
무에 붙어 있지 아니하면 스스로 열매를 맺을 수 없음 같이 너희도 내 안에 있지 아니하면 그러하리라 5 나
는 포도나무요 너희는 가지라 그가 내 안에, 내가 그 안에 거하면 사람이 열매를 많이 맺나니 나를 떠나서
는 너희가 아무 것도 할 수 없음이라 6 사람이 내 안에 거하지 아니하면 가지처럼 밖에 버려져 마르나니 사
람들이 그것을 모아다가 불에 던져 사르느니라

1. 예수님은 자신과 하나님과 제자들을 각각 무엇에 비유했습니까? (1절)

정답_예수님은 포도나무, 제자들은 포도나무의 가지, 하나님은 농부에 비유되어 있습니다. 농부이신 하나님은 포도나무이신 예수님을 통해서, 그 가지인 제자로부터 많은 열매를 거두기를 원하십니다.

2. 성령의 열매 외에도 예수님의 제자 된 우리들이 맺어야 할 열매는 무엇입니까?

정답_가장 중요한 열매는 예수님 닮은 인격으로 살아갈 수 있게 만들어주는 성령의 열매입니다. 그 외에도 우리가 맺어야 할 열매들이 많이 있습니다.

* 하나님께 찬양하는 입술의 열매(히 13:15)

* 회개의 열매(마 3:8)

* 빛의 열매(엡 5:9) : 착함, 의로움, 진실함
* 의의 열매(빌 1:11)
* 선한 일의 열매(골 1:10)
* 전도의 열매(롬 16:5)

3. 나무 가지가 열매를 맺기 위해서 해야 할 일은 무엇입니까? (4-6절)

정답_포도나무 가지가 열매를 맺기 위해서는 포도나무 줄기에 꼭 붙어있어야 합니다. 줄기에 붙어 있어야 줄기를 통해 뿌리로부터 물과 양분을 공급받을 수 있습니다. 자체의 생명을 유지할 수 있는 분량보다 더 많은 물과 양분을 풍성하게 공급받아야, 그 남은 부분들이 모아져서 열매로 영글어 가게 되는 것입니다. 나뭇가지가 풍성한 열매를 맺기 위해서 줄기에 붙어 있어야 하듯이, 우리도 삶 속에 많은 열매를 맺으려면 예수 안에 거해야 합니다. 예수 안에 거한다는 말은 예수님을 믿는 믿음을 계속해서 지켜나가며 예수님의 말씀에 늘 순종하는 것을 의미합니다. 우리는 주님을 떠나서는 아무 열매도 맺을 수 없습니다. 그러나 주님 안에 거하면 온갖 열매를 맺으며 살 수 있습니다.

4. 열매 맺는 가지와 열매 맺지 못하는 가지는 각각 어떤 운명에 처하게 됩니까? (2절)

정답_농부는 물과 양분만 허비할 뿐 열매를 맺지 못하는 가지는 가지치기해서 한쪽에 버려놨다가 다 마르면 불로 태웁니다. 그러나 열매 맺는 가지에게는 더 많은 열매를 맺으라고 물과 양분을 몰아주고, 혹시라도 벌레 먹지 않도록 정성껏 돌봐줍니다. 마찬가지로 은혜를 받았으면서도 받은 은혜를 헛되게 만들며 아무 열매도 맺지 못하는 사람은 하나님께서 기뻐하시지 않습니다. 받은 은혜에 합당하게 많은 열매 맺어 하나님을 영화롭게 하고 많은 사람들에게 선한 영향력을 끼치는 사람에게는, 하나님께서 더 많은 열매를 맺으라고 더 많은 은혜를 부어주십니다.

나누고실천하기

1. 우리가 줄기이신 예수님께 붙어 있다는 것은 예수님과 연결되어 끊임없이 은혜를 받고 있는 상태를 비유한 것입니다. 우리가 은혜를 공급 받는 통로는 여러 가지가 있습니다. 이러한 통로들을 통해 어떻게 은혜를 공급받고 있는지 나눠봅시다(예배 시간에, 성경 말씀을 통해, 기도할 때, 찬양할 때 등).

   선생님들은 어떻게 은혜를 공급받고 있는지 먼저 나눠주시면 나눔에 도움이 될 것입니다.

2. 성령의 열매 뿐 아니라 여러 가지 열매들에 대해서 배웠는데, 자신의 삶 속에서 더욱 맺어야 할 열매는 무엇인지 나누어 봅시다.

3. 혹시 은혜를 공급 받는 통로 중에 막혀 있는 것은 없는지 점검해 보고, 한 주간 동안 은혜를 사모하며 풍성히 공급 받을 수 있도록 노력해 봅시다.

	열매	풍성	보통	부족
찬양의 열매	불평불만하지 않고 감사하고 찬양하는 삶			
회개의 열매	회개한 후 구체적으로 변화된 말과 행실			
빛의 열매	착하고 의롭고 진실함			
의의 열매	말씀대로 살려고 애쓰는 모습들			
선한 일의 열매	나를 통해 이루어지고 있는 좋은 일들			
전도의 열매	나를 통해 예수 믿게 되거나 잘 믿게 된 사람			

10과 여러 가지 은사들

[가다듬기]

성령은 우리에게 열매를 맺게 하실 뿐 아니라, 은사도 주신다. 성령의 열매는 주로 인격적인 부분이고, 은사는 사역적인 부분이다. 성령의 열매는 예수님 닮게 하는 것이고, 은사는 예수님처럼 일할 수 있게 해주시는 것이다. 성경에 나오는 여러 은사들을 살펴보자.

마음열기

토끼와 거북이 이야기를 아실 것입니다. 토끼와 거북이가 달리기 시합을 했는데, 토끼는 많이 앞섰다고 방심을 해서 중간에 잠을 잤습니다. 그러나 거북이는 비록 느리지만 포기하지 않고 꾸준히 걸어가서 결국은 거북이가 이겼다는 내용이지요.

그렇지만 거북이가 그렇게 한 번은 이길 수 있어도, 두 번은 이기지 못할 것입니다. 이젠 토끼도 방심하지 않고 있는 힘껏 달릴 것이기 때문이지요.

거북이가 토끼를 계속 이기려면 패러다임을 바꿔야 합니다. 산에서 달리기 시합을 할 것이 아니라, 물에서 수영 시합을 해야 합니다. 거북이는 물에서 수영을 잘하지만, 토끼는 물을 매우 싫어해서 아마 기권해버리고 말 수도 있겠지요. 우리는 각자 가진 약점만 바라보며 낙심하지 말고, 각자 가진 강점으로 승부를 보아야 합니다. 하나님께서 우리 각자에게 주신 은사들을 잘 활용해서 하나님께 귀하게 쓰임 받는 삶을 살아야 합니다.

하나님과 갓톡해요!

God!

00아! 너는 너에게 없는 장점을 가진 친구들을 바라보며, 질투하거나 낙심한 적은 없니?

설명 | 모든 사람이 모든 은사를 다 받을 수는 없습니다. 누구나 어떤 부분은 뛰어나지만 어떤 부분은 부족합니다. 그러므로 우리는 다른 사람의 뛰어난 부분만 보며 질투하거나, 나의 부족한 부분만 보고 낙심해서는 안 됩니다.
하나님께서는 사람마다 한 가지씩의 뛰어난 부분을 주셨습니다.
"나는 아무 은사도 없습니다!"라고 말하는 사람은 아직 하나님께서 자신에게 주신 은사를 발견하지 못했거나, 충분히 개발하지 못했기 때문입니다.
근육이 마비되어 몸을 제대로 가누기도 힘든 한 자매님이 하나님께서 주신 중보기도의 은사를 통해 많은 영혼들을 섬기는 간증을 보기도 합니다. 우리는 하나님께서 자신에게 주신 은사는 무엇인지 잘 깨달아야하겠습니다.

 # 해시테그 _ 오늘 과에 대한 내 생각을 간단한 단어로 표현해봐요.

좋아요 개

말씀살피기

아래 말씀을 깊이 묵상하며 답을 해봅시다.

[고전 12:8-11, 28]

8 어떤 사람에게는 성령으로 말미암아 지혜의 말씀을, 어떤 사람에게는 같은 성령을 따라 지식의 말씀을, 9 다른 사
람에게는 같은 성령으로 믿음을, 어떤 사람에게는 한 성령으로 병 고치는 은사를, 10 어떤 사람에게는 능력 행함을,
어떤 사람에게는 예언함을, 어떤 사람에게는 영들 분별함을, 다른 사람에게는 각종 방언 말함을, 어떤 사람에게는
방언들 통역함을 주시나니 11 이 모든 일은 같은 한 성령이 행하사 그의 뜻대로 각 사람에게 나누어 주시는 것이니
라... 28 하나님이 교회 중에 몇을 세우셨으니 첫째는 사도요 둘째는 선지자요 셋째는 교사요 그 다음은 능력을 행
하는 자요 그 다음은 병 고치는 은사와 서로 돕는 것과 다스리는 것과 각종 방언을 말하는 것이라

1. 성령께서 주시는 초자연적인 은사에는 어떤 것이 있나요? (8-10절)

초자연적 은사	**지혜의 말씀**(wisdom)	남은 풀 수 없는 문제를 지혜롭게 해결하는 은사
	지식의 말씀(knowledge)	남은 알 수 없는 것을 알게 되는 은사
	믿음(faith)	산이라도 옮길만한 크고 강한 믿음을 받는 은사
	병 고침(healing)	초자연적인 방법과 능력으로 병을 고치는 은사
	능력 행함(miracle)	치유 외에 여러 가지 기적들을 행하는 은사
	예언(prophecy)	계시를 받아 장래 일이나 말씀을 선포하는 은사
	영 분별(discerning)	성령의 역사인지 악령의 역사인지 분별하는 은사
	방언(tongues)	배우지 않은 외국어나 알 수 없는 말을 하는 은사
	방언 통역(interpretation)	방언으로 말한 것을 보통 말로 통역하는 은사

2. 성령께서 은사를 주실 때 나타나는 특징은 무엇인가요? (11절)

정답_성령께서 그의 뜻대로 각 사람에게 은사를 나누어 주십니다. '그의

뜻대로'란 말은 주권적으로 주신다는 의미입니다. 은사는 받는 사람의 의지보다는 성령님의 의지에 의해 주어집니다.

3. 성령께서 교회를 위해 주시는 은사적인 직분은 무엇인가요? (28절)

<table>
<tr><td rowspan="5">직분적 은사</td><td>사도(apostle)</td><td>주께 특별히 선택되어 초대교회를 세운 지도자들</td></tr>
<tr><td>선지자(prophet)</td><td>교회에 하나님의 특별한 뜻을 전하는 사람들</td></tr>
<tr><td>전도자(evangelist)</td><td>믿지 않는 사람들에게 복음을 잘 전하는 사람들</td></tr>
<tr><td>목회자(pastor)</td><td>양떼를 돌보는 목자처럼 교회를 돌보는 사람들</td></tr>
<tr><td>교사(teacher)</td><td>말씀을 가르치는 사람들</td></tr>
</table>

4. 그 외에 성경에는 어떤 은사들이 나오나요?

<table>
<tr><td rowspan="12">자연적 은사</td><td>도움(고전 12:28)</td><td>다른 사람들을 잘 돕는 은사</td></tr>
<tr><td>다스림(롬 12:8)</td><td>공동체를 잘 지도하고 이끌어가는 은사</td></tr>
<tr><td>섬김(롬 12:8)</td><td>공동체를 위해 효율적으로 봉사하는 은사</td></tr>
<tr><td>가르침(롬 12:8)</td><td>말씀을 잘 가르쳐 실천하게 하는 은사</td></tr>
<tr><td>위로(롬 12:8)</td><td>약한 지체를 격려하여 세워주는 은사</td></tr>
<tr><td>구제(롬 12:8)</td><td>가난한 지체를 위해 물질을 나누어 주는 은사</td></tr>
<tr><td>긍휼 베품(롬 12:8)</td><td>병들거나 어려운 지체를 즐거이 섬기는 은사</td></tr>
<tr><td>대접(롬 12:13)</td><td>즐거운 마음으로 다른 사람을 잘 대접하는 은사</td></tr>
<tr><td>중보기도(창 19:29)</td><td>다른 사람들을 위해 기도하고 응답받는 은사</td></tr>
<tr><td>찬양(삼상 16:23)</td><td>찬양으로 특별히 영광 돌리고 은혜 끼치는 은사</td></tr>
<tr><td>재능(마 25:15)</td><td>각자 가진 다양한 재주로 교회를 섬기는 은사</td></tr>
<tr><td>선교(행 13:47)</td><td>타문화권에 나가 복음을 전하도록 선택된 사람들</td></tr>
<tr><td rowspan="2">특별한 은사</td><td>독신(고전 7:7)</td><td>결혼하지 않고 주의 일을 하도록 선택된 사람들</td></tr>
</table>

나누고실천하기

1. 오늘 공과에 나온 것들과 나오지 않은 것들이라도, 하나님께서 서로에게 주신 은사는 무엇인지 나누어 봅시다.

성령께서 주시는 은사들은 다양하기 때문에 '꼭 이것만이 은사다.'라고 말할 수는 없습니다. 하나님께 영광 돌리는데 사용되고, 공동체에 유익을 주는데 사용되며, 개인적으로 신앙생활을 잘 할 수 있게 만들어주는 재능들이나 특기 등이 모두 넓은 의미에서 은사라고 할 수 있지요. 은사는 분명하게 드러나는 경우도 있지만, 그렇지 못한 경우도 많지요. 다른 사람들은 그 사람의 은사를 아는데, 본인은 모르는 경우도 있지요. 서로 나누면서 서로의 은사가 무엇인지 점검해보는 시간을 보냅시다.

2. 하나님께서 자신에게 주신 은사를 더욱 개발하기 위해 자신이 해왔거나 앞으로 하기를 다짐하는 노력들은 무엇이 있나요?

은사는 완성된 상태로 주어지기 보다는 가능성으로 주어지는 경우가 많습니다. 우리는 주어진 가능성을 가지고 자신의 은사를 더욱 개발해 나가기 위해 노력해야지요. 우리가 열심히 노력할 때, 성령께서 도와주셔서 우리의 은사가 온전히 발휘될 수 있도록 은혜를 주십니다. 각자에게 주어진 은사들을 어떻게 개발해왔고, 앞으로 어떻게 개발해 가야할지 나눠보세요.

3. 아무리 좋은 도구도 잘 사용하지 않으면 녹슬어 버리고 말지요. 자신이 받은 은사들을 어떻게 해야 더욱 적극적으로 활용할 수 있을까요?

각자 받은 은사를 공동체 안에서 부족하고 작더라도 활용하는 것이 참 중요합니다. 그런 은사들이 잘 발휘될 수 있도록 무대를 만들어주고, 격려하는 공동체를 만들어가야겠습니다.

11과 은사의 목적

[가다듬기]

하나님께서는 각자에게 은사들을 주시는데, 그 은사들을 주실 때에는 목적이 있다. 어떤 사람들은 자신이 은사를 받았다고 해서 개인적으로 과시하며 교만하다가 불행한 결과를 맞이하는 경우도 있다. 오늘은 하나님께서 은사를 주시는 목적은 무엇인지 살펴보자.

마음열기

미국의 뉴저지주에서 있었던 일입니다. 거리에서 떠도는 개 한 마리가 발견되었는데, 털은 다 빠지고 얼굴에는 큰 상처까지 있어서 너무나 보기 흉한 모습이었습니다. 그 개는 곧 붙잡혀서 보호소에 갇히게 되었고, 머지않아 안락사하게 될 상황에 처하게 되었습니다.

그런데 보호소의 사육사가 그 개의 특별한 점을 발견하게 되었습니다. 그것은 그 개가 기러기떼만 보면 사납게 짖어대고 쫓아가려고 발버둥치는 것이었습니다. 사육사는 갑자기 얼마 전에 신문에서 보았던 기사가 떠올랐습니다. 공항 주변에 기러기 떼가 많아서 기러기 떼가 비행기에 부딪히는 사고가 나서 처리하거나 기러기 떼를 쫓아내는데 많은 비용이 든다는 것입니다. 사육사는 그 개를 공항 관리팀에 가져다주었고, 그 때부터 그 개는 물 만난 고기 마냥 온 활주로 주변을 뛰어다니며 기러기 떼를 쫓아냈습니다. 그 개가 1년에 절감해주는 비용은 약 30억이 넘었답니다. 공항에서는 그 개가 너무 고마워 '터빈'이라는 이름도 지어주고 표창장도 주었답니다. 아무 쓸모없는 것 같은 개였지만 그것이 가진 특별한 재주가 발견되고 활용될 때 주변에 상상도 못한 유익을 끼쳤습니다. 이는 사람도 마찬가지입니다. 보잘 것 없어 보이는 은사라도 그것이 잘 개발되기만 하면, 주위 사람들을 위해 크게 유익을 끼칠 수 있습니다.

GOD TALK 하나님과 갓톡해요!

God!

00아! 너는 공동체 안에서 주로 도움을 받는 편이니? 아니면 주는 편이니?

설명 | 우리는 공동체 안에서 서로 도움을 주고받습니다. 공동체에 유익을 끼치는 사람도 있고, 그 유익을 누리는 사람도 있지요. 신앙이 아직 어릴 때에는 주로 도움을 받는 입장에 있겠지요. 그러나 신앙이 자라가면 자라갈 수록 도움을 받는 입장에서 도움을 주는 입장으로 변화되어질 것입니다.

신앙이 성숙해진 멤버들은 공동체 안에서 부족한 부분들에 대해 불평불만하기 보다는, 바로 그 부족한 부분들을 채우는 역할을 할 것입니다. 신앙이 계속해서 잘 자라가 도움을 받던 입장, 잘 도와주지 않는다고 불평하던 입장에서, 이제는 즐거이 다른 지체들을 돕고 유익을 끼치는 지체들로 변화되어가야 하겠습니다.

 # 해시테그 _ 오늘 과에 대한 내 생각을 간단한 단어로 표현해봐요.

좋아요 개

말씀살피기

아래 말씀을 깊이 묵상하며 답을 해봅시다.

[고전 12:4-7, 25-27]
4 은사는 여러 가지나 성령은 같고 5 직분은 여러 가지나 주는 같으며 6 또 사역은 여러 가지나 모든 것을 모든 사람
가운데서 이루시는 하나님은 같으니 7 각 사람에게 성령을 나타내심은 유익하게 하려 하심이라 ... 25 몸 가운데서
분쟁이 없고 오직 여러 지체가 서로 같이 돌보게 하셨느니라 26 만일 한 지체가 고통을 받으면 모든 지체가 함께 고
통을 받고 한 지체가 영광을 얻으면 모든 지체가 함께 즐거워하느니라 27 너희는 그리스도의 몸이요 지체의 각 부
분이라

1. 우리에게 주어지는 은사의 특징은 무엇입니까? (4-6절)

정답_같은 성령님이 여러 가지 다양한 은사를 나누어주십니다. 마찬가지로 같은 예수님이 여러 가지 직분을 맡기십니다. 같은 하나님이 여러 가지 사역들을 이루어가십니다. 그러므로 우리는 각자 받은 은사와 직분과 사역이 다르더라도 서로 경쟁하거나 대립해서는 안 되며, 마음과 뜻을 하나로 모아 함께 공동체를 섬겨야 합니다.

2. 성령께서 은사를 주시는 목적은 무엇입니까? (7절)

정답_공동체를 유익하게 하기 위해서입니다. 성령님은 우리에게 각종 은사를 주셔서 공동체에 유익이 될 수 있도록 잘 섬기게 하십니다. 모든 은사를 다 받은 사람은 아무도 없습니다. 우리는 혼자서는 결코 완전할 수 없습니다. 그래서 우리는 공동체를 이루고, 각자 받은 은사대로 서로가 서로를 섬기게 하셨습니다. 따

라서 은사를 받은 사람은 받은 은사는 자랑하거나 혹은 우월감을 가져서는 안 되고, 오히려 겸손한 자세로 공동체를 섬기는 일에 그 은사를 잘 활용해야 합니다. 그런 사람에게 하나님께서 큰 상을 주십니다.

3. 공동체에서 각자 받은 은사로 서로 섬기는 모습은 어떻게 비유되고 있습니까? (25-27절)

정답_전체로서의 교회는 예수님의 몸이고, 그 교회를 이루는 한 사람 한 사람의 성도는 그 몸의 각 지체들입니다. 성도는 교회의 지체로서 서로 지체 의식을 가져야 합니다. 지체 의식은 크게 다음의 3가지로 설명될 수 있습니다.

① **평등 의식** : 몸에는 눈, 귀, 코, 손, 발등 여러 지체가 있지만, 어느것이더 귀하고 어느 것은 덜 귀하다고 할 수 없고, 모든 지체가 똑같이 소중합니다. 모두가 다 하나님의 형상이요, 주께서 피 흘려 구원하신 귀한 영혼들이기 때문입니다.

② **연대 의식** : 성도는 한 몸 이룬 지체로서 서로 서로 교통하여, 아픔도 기쁨도 함께 나눌 수 있어야 합니다. 만일 한 지체가 고통을 받으면 모든 지체도 함께 고통을 받고, 한 지체가 영광을 얻으면 모든 지체도 함께 즐거워해야 합니다. 즐거워하는 자들로 함께 즐거워하고, 우는 자들로 함께 울 수 있어야 참된 지체입니다.

③ **책임 의식** : 우리는 나 한 사람이 나 맡은 자리에서 최선을 다하지 않으면 교회 전체에 영향을 준다는 사실을 깨닫고, 늘 자기 위치에서 자기 책임을 완수해야 합니다. 이는 마치 손이 자기 사명을 감당하지 않으면 온 몸이 불편을 겪고, 만일 손이 없어지게 되고 만다면 나머지 몸 전체가 불구가 되고 마는 것과 동일한 원리입니다.

나누고 실천하기

1. 공동체 안에서 영적으로 도움을 받은 것이 있다면 나누어 봅시다.

우리는 혼자 신앙생활을 하는 것이 아니고 공동체 안에서 서로 도움을 주고받습니다. 내가 힘들 때는 누군가의 도움을 받았고, 내가 충만할 때는 누군가에게 도움을 주었겠지요. 그런 부분들을 서로 나눠봅시다.

2. 자신은 공동체 안에서 눈, 귀, 코, 손, 발 등과 같은 몸의 지체 중 어느 부분에 해당되는지 혹은 어떤 부분의 역할을 맡아야 하겠는지 서로 나눠 봅시다.

눈	힘들어 하거나 소외된 지체는 없는지 살펴본다.
귀	지체들의 말을 귀 기울여 잘 들어주고 격려해준다.
코	영적으로 향기나는 지체들을 잘 찾아서 칭찬한다.
손	도움이 필요한 지체들을 구체적으로 도와준다.
발	열심히 전도하며 교회에 나오지 못한 지체들을 돌아본다.

3. 공동체 안에서 자신이 맡은 역할은 무엇인지, 어떻게 하면 그 역할을 더 잘할 수 있을지 나누고 실천해 봅시다.

공동체 안에 필요 없는 사람은 아무도 없습니다. 누구든 열린 마음을 가지고 바라보면 반드시 내가 할 수 있는 일들이 있습니다. 그런 일들을 찾아보도록 해주세요. 이미 맡고 있는 일들이 있다면 더 잘할 수 있도록 격려해주세요.

12과 가장 큰 은사

[가다듬기]

우리는 여러 가지 은사들에 대하여 배웠다. 그럼 그 많은 은사들이 있는데 가장 크고 중요한 은사는 무엇일까? 오늘은 가장 큰 은사는 무엇인지 살펴보기로 한다.

마음열기

길선주 목사님(1869-1935년)은 평양 장대현교회의 담임목사로서 한국 초대교회의 부흥을 이끌었던 분입니다.

목사님은 성령의 은사를 많이 받아서 많은 기적을 행했습니다. 그랬던 목사님께서 나중에는 은사와 사랑에 관해 다음과 같은 말씀을 하셨습니다.

"이전에 저는 성령의 은사를 구하였습니다. 그리고 과연 저는 성령의 권능도 받았고 그 권능을 행하기도 하였습니다. 하지만 다시 생각하니 권능보다 더 중요한 것은 사랑입니다. 그래서 저는 지금 이렇게 기도합니다.

'주님, 주의 사랑하는 성품을 저에게 주옵소서. 저의 가정을 사랑하게 하시며, 저의 동포를 사랑하게 하셔서, 사랑의 성품을 이루게 해 주옵소서.' 아무리 학식이 많고 재주가 있으며 인격이 있다 해도. 사랑이 없으면 그런 학식과 재주와 인격이 무슨 덕이 되겠습니까? 오히려 교만해지고 다른 사람을 업신여기며 속이고 해할 뿐입니다. 다만 사랑이 있어야 이것이 제게 능력이 되며 다른 사람을 구할 수 있습니다."

하나님과 갓톡해요!

God!

00아! 너는 사랑이란 무엇이라고 생각하니?
"사랑이란 ~다!"라고 말한다면, 너는 무엇이라고 말할 수 있겠니?

설명 | 사랑이 무엇인지 여러 가지 정의를 내릴 수 있겠지요. 사전에서는 사랑을 '어떤 사람이나 존재를 몹시 아끼고 귀중히 여기는 마음'이라고 정의합니다. 성경에서는 '하나님은 사랑이시라'라고 했습니다(요일 4:8). 하나님께서는 우리를 몹시 아끼고 귀중히 여기셔서, 죄에 빠져 멸망할 수밖에 없는 우리를 구원하기 위해 독생자를 내어주시기까지 사랑하셨습니다(요 3:16).
그 사랑으로 구원받은 우리는 그 사랑을 주신 하나님을 몸과 마음을 다해 사랑해야 하고, 그 사랑으로 서로를 자기 몸처럼 사랑하며 살아야 합니다(마 22:36-40). 우리가 다른 것에서는 좀 부족할 수 있어도, 사랑함에는 부족함이 없는 삶을 살도록 노력해야하겠습니다.

 # 해시테그 _ 오늘 과에 대한 내 생각을 간단한 단어로 표현해봐요.

좋아요 개

말씀살피기

아래 말씀을 깊이 묵상하며 답을 해봅시다.

[고전 12:31 ; 13:1-8,13]

12:31 너희는 더욱 큰 은사를 사모하라 내가 또한 가장 좋은 길을 너희에게 보이리라 13:1 내가 사람의 방언과 천사
의 말을 할지라도 사랑이 없으면 소리 나는 구리와 울리는 꽹과리가 되고 2 내가 예언하는 능력이 있어 모든 비밀
과 모든 지식을 알고 또 산을 옮길 만한 모든 믿음이 있을지라도 사랑이 없으면 내가 아무 것도 아니요 3 내가 내게
있는 모든 것으로 구제하고 또 내 몸을 불사르게 내줄지라도 사랑이 없으면 내게 아무 유익이 없느니라 4 사랑은
오래 참고 사랑은 온유하며 시기하지 아니하며 사랑은 자랑하지 아니하며 교만하지 아니하며 5 무례히 행하지 아
니하며 자기의 유익을 구하지 아니하며 성내지 아니하며 악한 것을 생각하지 아니하며 6 불의를 기뻐하지 아니하
며 진리와 함께 기뻐하고 7 모든 것을 참으며 모든 것을 믿으며 모든 것을 바라며 모든 것을 견디느니라 8 사랑은 언
제까지나 떨어지지 아니하되 예언도 폐하고 방언도 그치고 지식도 폐하리라... 13 그런즉 믿음, 소망, 사랑, 이 세 가
지는 항상 있을 것인데 그 중의 제일은 사랑이라

1. 고전 12장에서 여러 가지 은사에 대해 교훈한 사도 바울은 어떻게 결론을 내립니까? (12:31)

정답_12장에서 여러 가지 은사들에 관해 교훈한 사도 바울은 12장을 "더욱 큰 은사를 사모하라."라는 권면으로 맺습니다. 그리고 이어서 13장에 사랑에 관한 교훈으로 들어갑니다. 사랑은 우리가 사모해야 할, 모든 은사들보다 더욱 큰 은사, 즉 가장 큰 은사입니다.

2. 다른 은사들에 비해 사랑의 우월성은 어떻게 강조되고 있습니까? (1-3절,8절,13절)

정답_방언의 은사가 있어도 사랑이 없으면, 소리 나는 구리와 울리는 꽹과리처럼 소음이 되고 맙니다. 모든 비밀을 알만한 예언의 은사와 산을 옮길 만한 믿음의 은사가 있어도, 사랑이 없으면 우리는 아무 것도 아닙니다. 구제의 은사가 있어서 모든 소유, 심지어 자기 자

신을 내어준다고 할지라도, 사랑이 없이 행하면 아무 유익이 없습니다(1-3절).

천국에 가면 예언 은사도, 방언 은사도, 지식 은사도 더 이상 필요 없게 됩니다. 오직 사랑만 남게 됩니다. 우리는 천국에 가서도 영원토록 하나님을 사랑하고 서로를 사랑하게 될 것입니다(8절). 우리가 이 땅에 사는 동안 믿음도 필요하고 소망도 필요하지만, 천국에 가면 실제 하나님을 뵐 것이니 믿음도 필요 없고 우리의 소망이 다 성취되었으니 더 이상 소망도 필요 없습니다. 그렇지만 사랑은 영원히 남습니다. 그래서 이 땅에 사는 동안 늘 믿음도 중요하고 소망도 중요하지만, 제일 중요한 것은 사랑입니다(13절).

3. 참된 사랑은 어떤 특성을 가지고 있습니까? (4-7절)

1) **오래 참고 온유함** : 하나님께서는 우리의 죄와 허물을 바로 심판하지 않고 회개할 때까지 오래 참고 기다려주시며, 따뜻하게 관용을 베풀어 주셨습니다. 우리도 이처럼 형제의 부족함에 대해, 오래 참고 부드럽게 대해야합니다.
2) **시기, 자랑, 교만하지 않음** : 사랑은 나보다 상대방을 더 귀히 여기는 마음입니다. 따라서 상대방에게 나보다 나은 점이 있을 때, 시기하지 않고 기뻐합니다. 내가 상대방보다 더 나은 점이 있더라도 상대방의 마음이 상할까봐 자랑하지 않습니다. 또한 상대방의 부족한 면만 보며 교만하게 그를 무시하지 않고, 나보다 더 나은 점을 찾아 그를 나보다 더 낫게 여깁니다.
3) **무례히 행하지 않음** : 가까운 사이라고 해서 함부로 대하지 않고, 더 예의를 지킵니다.
4) **자기의 유익을 구하지 않음** : 자기의 유익보다는 상대방의 유익을 구합니다.
5) **성내지 않고, 악한 것을 생각하지 않음** : 사랑은 상대방이 나에게 잘못했을 때에도, 미움을 쌓아 두었다가 한꺼번에 폭발하거나 상대방을 해치기 위한 악한 계획을 세우지 않습니다.
6) **불의를 기뻐하지 아니하며 진리와 함께 기뻐함** : 사랑은 좋은 게 좋다는 식으로 불의와도 적당히 어울리는 것이 아니라, 불의는 멀리하고 오직 진리와 함께 기뻐합니다.
7) **모든 것을 참고, 믿고, 바라며, 견딤** : 사랑하면 어떤 어려운 상황 속에서도 사랑하는 대상을 위해 그리고 그 사랑하는 대상을 인해 참고, 믿어주고, 바라며, 견딜 수 있습니다. 사랑으로 이기지 못할 역경은 없습니다.

나누고 실천하기

1. 주변 사람들로부터 따뜻한 사랑을 받았던 경험들이 있으면 나눠봅시다. 그때 어떤 느낌이들었는지 이야기해 봅시다.

교회 공동체에 정착하며 뿌리를 내리기까지는 많은 사람들의 사랑이 필요합니다. 선생님들, 친구들, 그리고 교회의 성도님들 등. 또한 학교에서나 가정에서도 충분한 사랑을 받아야 온전하게 설 수 있지요. 사랑을 많이 받았거나 부족했던 경험들을 나누어 봅시다.

2. 참된 사랑의 여러 특성들 중에서 자신에게 부족한 부분은 무엇인지 나누어 봅시다.

사랑의 특성	풍성	보통	부족
오래 참고 온유함			
시기, 자랑, 교만하지 않음			
무례히 행하지 않음			
자기의 유익을 구하지 않음			
성내지 않고, 악한 것을 생각하지 않음			
불의가 아닌, 진리와 함께 기뻐함			
모든 것을 참고, 믿고, 바라며, 견딤			

3. 내가 참된 사랑으로 섬겨야 할 영혼들은 누가 있는지, 구체적으로 어떻게 섬겨야할지 나눠보고, 한 주간 동안 그 사랑을 실천해 봅시다.

[요일 3:18]

18자녀들아 우리가 말과 혀로만 사랑하지 말고 행함과 진실함으로 하자

사랑은 말과 혀로만 하는 것이 아니라, 오직 행함과 진실함으로 해야 합니다. 작더라도 실제적인 실천이 어떤 말보다도 귀합니다. 공동체 안에서 서로 구체적으로 사랑을 나눌 수 있도록 인도해주세요.

박태용 목사

박태용 목사는 총신대학교 신학과와 신학대학원에서 신학을 공부하였다.
청년목회자연합의 월간 큐티집인 '큐티진'의 주 집필자로 10년 넘게 사역을 하면서, 독자들에게 성경 전체를 해설해주고 그들 스스로 묵상할 수 있도록 돕는 글을 써왔다.
또한 다수의 설교사전, 성경주석, 예화집 등의 작업에 참여한 문서사역자다.
현재 평택예향교회 담임목사로 섬기고 있으며, 아내 김혜연 사모와 자녀들(샤론, 성주)과 더불어 행복한 가정을 일구고 있다. 하나님의 은혜 아래, '좋은 남편, 좋은 아빠, 좋은 목사'가 되기를 꿈꾸며 노력하는 중이다.